小学语文教学基础与实践

符雯琳 林智强 钟淑杯◎著

吉林出版集团股份有限公司

全国百佳图书出版单位

图书在版编目（CIP）数据

小学语文教学基础与实践 / 符雯琳, 林智强, 钟淑
杯著. -- 长春：吉林出版集团股份有限公司, 2023.6
ISBN 978-7-5731-3741-8

Ⅰ. ①小… Ⅱ. ①符… ②林… ③钟… Ⅲ. ①小学语
文课—教学研究 Ⅳ. ①G623.202

中国国家版本馆CIP数据核字(2023)第141173号

小学语文教学基础与实践
XIAOXUE YUWEN JIAOXUE JICHU YU SHIJIAN

著　　者　符雯琳　林智强　钟淑杯
出 版 人　吴　强
责任编辑　朱子玉
开　　本　710 mm × 1000 mm　1/16
印　　张　12
字　　数　208千字
版　　次　2023年6月第1版
印　　次　2023年9月第1次印刷

出　　版　吉林出版集团股份有限公司
发　　行　吉林音像出版社有限责任公司
　　　　　（吉林省长春市南关区福祉大路5788号）

电　　话　0431-81629679
印　　刷　吉林省信诚印刷有限公司

ISBN 978-7-5731-3741-8　　定　　价　86.00元

如发现印装质量问题，影响阅读，请与出版社联系调换。

前　言

　　语文是重要的交际工具，是人类文化的重要组成部分，是工具性与人文性的统一。语文作为表情达意和思维交流的工具，既是学生学习其他学科和终身学习的基础，也是传承文化的重要手段。语文课程具有丰富的、对学生精神领域能产生深远影响的精神内涵。语文课程的人文性强调了语文课程的开展是人实现自我成长、激发人的生命力和创造力的过程。这就体现了语文教育活动是在特定的时空中，师生双向、积极的生命活动过程，蕴含着尊重人的生命价值、人类文化及其多样性的应有之义。

　　小学语文学科人文内涵丰富，有助于小学生综合素质的持续发展。近些年新课改不断深化，对小学语文教学提出了更高的要求，对于小学语文教师的要求也随之提高。语文教师进行教学活动时，需要以学生为主体，从学生的个性特征出发，采用多样化的教学模式实施小学语文教学策略，提高小学语文教学效率，培养学生的实践和创新能力，实现小学生的全面发展。

　　本书首先概述了小学语文新课程的基本内容，其次介绍了小学语文的教学现状、小学语文课堂教学以及小学语文课堂教学管理，再次系统地梳理了小学语文识字与写字教学实践、小学语文阅读教学实践、小学语文口语交际教学实践、小学语文写作教学实践以及小学语文综合性学习教学实践等，最后在小学语文教师的专业发展方面做出重要总结和探讨，希望能够为相关研究提供借鉴和参考。

　　本书编写过程中参考了很多专家的研究成果和一线教师的实践成果，在此对相关机构和人员表示衷心的感谢！由于作者水平和经验有限，书中难免有不当和疏漏之处，恳请同行、专家及读者指正。

目　录

第一章　小学语文新课程概述

第一节　小学语文新课程的教学理念

语文是重要的交际工具，是人类文化的重要组成部分。工具性与人文性的统一，是语文课程的基本特点，语文课程应致力于学生语文素养的形成与发展。语文素养是学生学好其他课程的基础，也是学生全面发展和终身发展的基础。语文课程的多重功能和奠基作用，决定了它在九年义务教育阶段的重要地位。现代社会要求公民具备良好的人文素养和科学素养，具备创新精神、合作意识和广阔的视野，具备包括阅读理解与表达交流在内的多方面的基本能力，以及运用现代技术搜集和处理信息的能力。语文教育应该而且能够为培养和塑造一代新人发挥重要作用。

为适应和满足社会进步与学生自身发展的需要，语文教育必须在课程目标和内容、教学观念和学习方式、评价目的和方法等方面进行系统的改革。语文课程应为提高学生的道德品质和科学文化素养、弘扬和传承民族精神、增强民族创造力和凝聚力发挥积极的作用。在小学语文教学中，教师应秉承以下四条教学理念。

一、全面提高学生的语文素养

素养，是指平日的修养，也指学识、造诣、技艺、才能和品格等方面的基本状况。语文作为一门母语教育课程，既是一种交际工具，也是一扇认识人类文明，尤其是本民族精神发展的窗户。语文学科在促进学生形成良好的个性和健全的人格，促进学生德、智、体、美的和谐发展上，起着重要的奠基作用。原先限于认知领域的"语文能力"很难全面地概括当下语文教学的目的和功能，因此"语文素养"的概念诞生了。

在课程标准中采用"素养"一词，还有以下两层意思。一是将"素养"理解为比较稳定、最基本、适应时代发展要求的学识、能力、技艺和情感态度价值观；二是认为基础教育中各个阶段的"素养目标"是有层次差别的。语文素养是一种以语文能力为核心的综合素养，包括语文知识、语言积累、语文能力、语文学习方法和习惯，以及思维能力、人文素养等。语文素养是指学生在语文方面表现出的比较稳定、最基本、适应时代发展要求的学识、能力、技艺和情感态度价值观，具有工具性和人文性统一的丰富内涵。在课程标准中，语文素养的内涵是非常丰富的。它绝不是一种纯粹的语言技能，而是一种综合的文明素养，是个体融入社会和自我发展不可或缺的基本修养。语文素养概念的提出，使语文教学在弘扬科学理性精神，注重语言的准确、简明和实用等，注重创新思维的培养、人文精神的熏陶、完美人格的塑造的矛盾张力中寻求到一种平衡，这是对历来语文教学大纲的历史性超越。

九年义务教育阶段的语文课程必须面向全体学生，使学生获得基本的语文素养。语文课程应激发和培育学生热爱语文的思想感情，引导学生丰富语言的积累，培养语感，发展思维，初步掌握学习语文的基本方法，养成良好的学习习惯，使他们具有适应实际需要的识字写字能力、阅读能力、写作能力和口语交际能力等，正确理解和运用语文。同时，语文课程还应通过优秀文化的熏陶感染，提高学生的思想道德修养和审美情趣，使他们形成良好的个性和健全的人格，促进德、智、体、美诸方面的和谐发展。

小学语文课程应帮助学生获得较为全面的语文素养，使学生适应在未来学习、生活和工作中的需要。小学语文课程应充分发挥自身的优势，弘扬民族精神，使学生受到爱国主义文化的熏陶，帮助学生塑造热爱祖国为人类进步事业奋斗的精神品格，使学生形成健康美好的情感和积极向上的人生态度。

此外，要加强小学语文课程内容与社会发展、科技进步和学生成长的联系，引导学生积极地参与社会实践活动，学习认识自然、认识社会、认识自我和规划人生，实现本课程在促进人的全面发展方面的价值追求。语文课程的功能是多方面的，小学语文课程应在义务教育的基础上，进一步发挥其育人功能。在小学语文教学中，教师应该继续关注学生的语言积累、语感和思维的发展，使学生在教学实践中掌握语文知识和学习语文的方法。小学语文教学还应体现小学课程的共同价值，重视情感态度和价值观的正确导向，充分发挥本课程的优势，全面提高学生的语文素养和整体素质。

二、正确把握语文教育的特点

语文课程丰富的人文内涵对学生精神领域的影响是深远的，学生对语文材料的感受和理解又是多元的。因此，应该重视语文的熏陶感染作用，注意教学内容的价值取向，同时也应该尊重学生在学习过程中的独特体验。语文是实践性很强的课程，应着重培养学生的语文实践能力，而培养这种能力的主要途径也应该是语文实践。语文又是母语教育课程，学习资源和实践机会无处不在、无时不有。因而，应该让学生更多地直接接触语文材料，在大量的语文实践中体会和掌握运用语文的规律。

小学语文课程具有丰富的人文内涵和很强的实践性，因此小学语文教学要注重应用，加强语文课程与社会发展和科技进步的联系，加强其与其他课程的联系，以适应社会生活和学生自我发展的需要。要使学生更好地应用语文，掌握语言交际的基本规范和能力，并树立认真负责和实事求是的科学态度，就应该重视教学内容的价值取向和语文的熏陶感染作用，尊重学生在学习语文过程中的独特体验。

语文教学应该注意汉语言文字的特点，重视培养学生的语感和整体把握能力，让学生在广泛的语文实践中学语文、用语文，掌握运用语言文字的规律。语文课程还应考虑汉语言文字的特点对识字写字、阅读、写作、口语交际和学生思维发展等方面的影响，在教学中尤其要掌握培养良好的语感和对文本整体把握的能力。

从学生长远发展的角度看，审美意识和能力的形成，与发展对于人改造客观世界和人的自身发展具有重要的意义。它能使人按照美的规律去认识和改造世界，而只有懂得世界的美，并能够创造美的人，才能成为恩格斯所说的"各方面都有能力的人"。掌握审美的方式，对于帮助学生认识世界和促进他们的发展都有着积极的意义。美育具有多手段、多渠道性。让学生投入丰富多彩的大自然，可以让学生感受大自然的美丽和惬意；让学生接触异彩纷呈的社会生活，可以提高学生辨别真善美的能力；让学生积极参与体育锻炼，可以让学生具有美的精神和体魄，这些都是美育的途径。然而，文艺美更可以使学生集中地感知、理解和体验美，受到美的教育。小学语文课时充分、内容广泛，又集中体现了文艺美。在小学语文教学中，落实美育就成了小学阶段美育的优先手段和途径。

社会存在决定社会意识，审美对象的存在是审美意识产生的前提。"只有音乐才能唤醒人的音乐感觉""艺术对象创造出懂得艺术和能够欣赏美的大众"等，马克思的这些话告诉我们审美对象能培养人的审美意识，培养审美意识必须以审美对象的存在为前提。语文文本是自然和社会生活文字形式的审美反映，是艺术美、自然美和社会美的综合体现，所以语文文本势必是优化的审美对象。在语文教学中，落实审美教育就必然比其他学科更有优势。语文教学中的思想内容、结构安排、表现手法和语言表达，这些都为审美教育提供了对象。由此看来，语文教学过程必须是美育的过程，美育必须渗透在语文教学中，才能散发出独特的光芒。审美教育有助于促进人的全面发展，文学艺术的鉴赏和创作是重要的审美活动，科学技术的创造发明以及社会生活的许多方面，也都贯穿着审美追求。未来社会更需要美，崇尚对美的发现、创造和追求等。语文具有重要的审美教育功能，小学语文课程应关注学生情感的发展，使学生受到美的熏陶，培养学生的审美意识和审美情趣，提高学生的审美感知力和审美创造力。

三、积极倡导自主、合作、探究的学习方式

自主、合作、探究教学模式，就是导引学生自主学习，通过小组交流合作和教师的指导，促使学生主动进行知识建构的创造性教学模式。自主学习是指教师采用合理的教学方法，激发学生的学习兴趣，使学生积极主动地探究知识，并加强与同学的合作交流，充分发挥学生的主体作用。这种教学模式有助于培养学生在学习活动中的自觉性和主动性，锻炼学生独立解决问题的能力，提高学生的创新能力。在与同学合作交流的过程中，有助于学生掌握科学的学习方法和与人合作的技巧，锻炼学生与人合作的能力。学生热烈地讨论问题，有助于营造活泼生动的教学氛围，使学生从沉闷的课堂中解放出来，使学生乐学、会学和善学，养成良好的学习习惯，促进学生的健康发展。自主、合作、探究教学模式，能充分发挥教师的主导作用与学生的主体作用。《义务教育语文课程标准（2022 年版）》鼓励学生自主探究，充分发挥学生的主体作用。作为教学活动的组织者和实施者，充分发挥教师的主导作用是凸显学生主体地位的基础和前提。因此，教师要科学合理地设计和组织教学活动，使自主、合作、探究教学模式发挥最大的效果。

学生是学习和发展的主体。语文课程必须根据学生身心发展和语文学习的特点，关注学生的个体差异和不同的学习需求，爱护学生的好奇心和求知欲，充分激发学生的主动意识和进取精神，倡导自主、合作、探究的学习方式。小学语文教学内容的确定、教学方法的选择和评价方式的设计，都应有助于这种学习方式的培养。语文综合性学习，有利于学生在感兴趣的自主活动中，全面提高语文素

养。它是培养学生主动探究、团结合作和勇于创新精神的重要途径，应该积极提倡。通过对小学语文课程的学习，学生应能注意观察语言、文学和中外文化现象，学习从习以为常的事实和过程中发现问题，培养探究意识和发现问题的敏感性，对未知世界始终怀有强烈的兴趣和激情，敢于探异求新，走进新的学习领域，尝试新的方法，追求思维的创新和表达的创新。在探究活动中，学生要勇于提出自己的见解，尊重他人的成果，不断提高探究能力，养成严谨、求实的学风。

探究性学习不仅是一种重要的学习方式，也是小学语文课程教学的重要内容。小学语文课程教学更加关注学生学习方式的转变，积极倡导自主、合作、探究的学习方式。学生要去独立地发现问题、分析问题和解决问题等，主动构建知识，从而在知识、能力、情感、态度等方面获得发展。探究性学习是一种实践活动，要求学生能积极主动地获取知识、认识和解决问题。在探究性学习中，学生不仅要能通过亲身体验和探究活动，获得知识与技能，还要能通过探究性学习，理解事物的本质，培养探究精神，全面提高综合素质。探究性学习是培养学生的创新精神和创新能力，获得积极情感体验的创造性的学习活动。

小学语文教学要求教师在教学过程中营造一种探究性学习氛围，以此激发学生的学习兴趣，发挥主观能动性，深入挖掘教材内容，在多向质疑思辨的基础上，形成有价值的探究问题，引导学生学习。在小学语文教学中，要全面落实探究性学习，促使学生积极主动地学习。在小学语文教学中，教师要努力引导学生进行探究性阅读，使之获得阅读感悟和体验，做出对阅读文章的鉴赏和评价；要适时创造问题情景，引导学生质疑和进行探究，解决情景中的问题；要利用课文中隐含的深层次意义，激发学生进行自主探究式学习，提高学生的探究性学习能力；要围绕文本的解读，创设角色互动活动，让学生在角色互动中进行思考、分析和研究。

社会的不断发展，要求人们思想敏锐、富有探索精神和创新能力，对自然、社会和人生具有更深刻的认识和思考。小学生身心发展日趋成熟，已具有一定的知识积累和阅读表达能力。培养小学生的探究能力，应成为小学语文课程的重要任务。小学语文教学在继续提高学生观察、分析和判断能力的同时，应重点关注学生思考问题的广度和深度，增强学生探究问题的意识和兴趣，掌握探究问题的方法，使学习语文的过程成为积极主动探索未知领域的过程。

四、努力建设开放而有活力的语文课程

语文课程应继承语文教育的优秀传统，要面向现代化、面向世界、面向未来。语文教学应拓宽语文学习和运用的领域，并注重跨学科的学习和现代科技手段的运用，使学生在不同内容和方法的相互交叉、渗透和整合中开阔视野，提高学习效率，初步提高现代社会所需要的语文素养。语文课程应该是开放而富有创新活力的。应当密切关注学生的发展和社会现实生活的变化，尽可能满足不同地区、不同学校和不同学生的需求，确立适应时代需要的课程目标，开发与之相适应的课程资源，形成相对稳定而又灵活的实施机制，不断自我调节、更新发展。

小学语文课程应根据共同基础与多样选择相统一的原则，确立课程目标，精选学习内容，变革学习方式，使全体学生都获得参与社会生活所必需的语文素养。在教学活动中，教师必须顾及学生的学情、发展方向和学习需求等方面的差异，根据学生的兴趣，增强课程的选择性，激发学生的潜能，为每一位学生创造更好的学习条件和更广阔的成长空间，促进学生的个性化发展。

小学语文课程应该具有相对稳定的结构，并形成富有弹性的实施机制。学校应在《义务教育语文课程标准（2022 年版）》的指导下，有选择、创造性地设计和实施课程，帮助教师开发和利用各方面的课程资源，建立互补、互动的资源网络，建设有序、开放的语文课程体系，应鼓励学生采用自主、合作、探究的学习方式。语文教学应为学生创造良好的自主学习情境，帮助学生树立主体意识，根据各自的特点和需要，自觉调整学习策略和心态，探寻适合自己的学习方法。合作学习有利于学生在互动中提高学习效率，培养学生的团队精神和合作意识。为了改变过去过于强调接受学习和机械训练的状况，教师要特别重视探究性的学习方式。应鼓励学生在个人思考的基础上，积极参与讨论和其他学习活动，善于倾听和采纳他人的意见，提高学生的沟通能力和团队协作意识。

教师是学习活动的组织者和引导者，应认真研究《义务教育语文课程标准（2022 年版）》，从课程的教学目标和学生的具体情况出发，灵活运用多种教学方法，有针对性地组织教学活动。在教学中，教师要充分发挥学生的主动性，创造性地使用教材和其他教学资源，帮助学生理解和消化知识。此外，教师要努力适应新课改的需要，与时俱进，不断创新教学理念，丰富知识，提高自身文化素养和教学水平。在与学生的互动中，加强对学生的引导，实现教学相长。同时，教师应从学生的需要出发，按照学校的规划，积极开设选修课，拓展学生的学习空间，鼓励学生的个性化发展，促进有序、开放的语文课程体系的构建。

第二节　小学语文新课程的教学目标

一、教学目标简介

（一）教学目标的功能

课堂教学目标在教学过程中占有举足轻重的作用，它既是教学的出发点，也是教学的归宿。教学目标是教学的灵魂，明确着教学的方向，支配着教学的整个过程。教学目标不仅是教学活动中学生所要达到的预期结果，而且能反作用于教学活动，一旦教学目标制定了，就会反过来影响教学活动。科学合理的教学目标，能够最大限度地调动学生的积极性，使教学活动产生最大的教学效果。教学目标对教学活动所起的作用，主要包括以下四个方面。

1. 导向功能

导向功能是指教学目标把教学活动导向一定的方向的功能，它是教学活动的可靠依据，对教学活动起着导向作用。教学目标能使教学活动具有目的性，避免教学活动陷入盲目的状态，推进教学活动的有序进行，使教学活动向着有意义的方向展开，提高教学效率。

2. 指引功能

指引功能是指引教师采取恰当的教学方法进行教学的功能。在制定教学目标后，教师就可以根据教学目标的特点和层次，选择实现该目标的合理的教学策略。例如，某一课的教学目标侧重于知识的掌握或学习的结果，就应采用接受学习和讲授教学的策略，以提高教学效率。

3. 反馈功能

教学目标是检验教学效果的工具，是评价教学效果的最客观、最可靠的标准，对教学活动具有反馈功能。首先，在教学检测和教学评价中，最重要的就是要评判教学活动是否达到了预期的教学目标，以及在多大程度上达到了预期的教学目标。其次，教学目标也是对教师授课质量评价和课程评价等重要的评价标准之一。

4.激励功能

当一个难度适中的教学目标与学生的内部需求相符合时，就能有效激发学生的学习兴趣，使学生积极主动地参与到教学活动中。当教学目标与学生的内部需求和兴趣相一致，或难度适中时，为了满足这些需求，学生就会为达到教学目标而努力，能够起到明显的激励学生学习的作用。

（二）制定教学目标的意义

教学目标是教学理念向教学实践转化的桥梁，是课程标准的具体化。课堂教学目标的达成，是实现课程目标的基础。所以课堂教学目标是新课程得以实施的关键，是检验教师是否树立了先进的教学理念的标准，也是检验教师是否将先进的教学理念转变为教学实践的一个标准。因此，科学合理地设计教学目标，是实施有效教学的基础，是取得良好的教学效果的关键。

总之，教学目标的制定，在教学活动中具有极其重要的意义，具体表现在以下五个方面。

第一，有利于教学的规范化。教学目标规定着教学的方向，使教师对教学有一个清晰的认识，让教师可以清楚地检查教学内容的范围，使教学内容覆盖认知、情感和方法等方面。

第二，有利于促进教师的教学。教学目标是教学的目的与归宿，使教师知道教什么、怎么教、教到什么程度等。

第三，有利于指导学生的学习。教学目标规定了学生的学习方向和学习行为，使学生明确知道学什么、怎么学、学到什么程度。

第四，有利于师生间、学生间的交往与沟通，有助于营造活跃、生动的教学氛围。

第五，教学目标是教学评价的依据。科学合理的教学目标，有利于教学评价工作的顺利开展。同时，教学目标的达成度，也是评价学生学习效果的主要依据。

二、教学目标的内容

（一）总目标

（1）在语文学习过程中，培养爱国主义感情、社会主义思想道德和健康的审美情趣，发展个性，培养合作精神，形成积极的人生态度和正确的价值观。

（2）认识中华文化的丰厚博大，吸收民族文化智慧。关心当代文化生活，尊重多样文化，汲取人类优秀文化的营养，提高文化品位。

（3）培养热爱祖国语言文字的情感，增强语文学习的自信心，养成良好的语文学习习惯，初步掌握学习语文的基本方法。

（4）在发展语言能力的同时，发展思维能力，激发想象力和创造潜能。学习科学的思想方法，逐步养成实事求是、崇尚真知的科学态度。

（5）能主动进行探究性学习，在实践中学习、运用语文。

（6）学会汉语拼音。能说普通话，认识 3500 个左右常用汉字。能正确工整地书写汉字，并有一定的速度。

（7）具有独立阅读的能力，学会运用多种阅读方法。有较为丰富的积累和良好的语感，注重情感体验，发展感受和理解能力。能阅读日常的书报杂志，能初步鉴赏文学作品，丰富自己的精神世界。能借助工具书阅读浅易文言文。九年课外阅读总量应在 400 万字以上。

（8）能具体明确、文从字顺地表述自己的意思。能根据日常生活需要，运用常见的表达方式写作。

（9）具有日常口语交际的基本能力，学会倾听、表达与交流，初步学会文明地进行人际沟通和社会交往。

（10）学会使用常用的语文工具书。初步提高搜集和处理信息的能力。

（二）阶段目标

1. 第一学段（1—2 年级）

（1）识字与写字。

① 喜欢学习汉字，有主动识字的欲望。

② 认识常用汉字 1600 个左右，其中 800 个左右会写。

③ 掌握汉字的基本笔画和常用的偏旁部首，能按笔顺规则用硬笔写字，注意间架结构。初步感受汉字的形体美。

④ 写字姿势要正确，字要写得规范、端正、整洁，努力养成良好的写字习惯。

⑤ 学会汉语拼音。能读准声母、韵母、声调和整体认读音节。能准确地拼读音节，正确书写声母、韵母和音节。认识大写字母，熟记《汉语拼音字母表》。

⑥ 学习独立识字。能借助汉语拼音认读汉字，用音序检字法查字典。

（2）阅读。

① 喜欢阅读，感受阅读的乐趣。初步养成爱护图书的习惯。

② 学习用普通话正确、流利、有感情地朗读课文。学习默读。

③ 结合上下文和生活实际了解课文中词句的意思，在阅读中积累词语。借助读物中的图画阅读。

④ 阅读浅易的童话、寓言、故事，向往美好的情境，关心自然和生命，对感兴趣的人物和事件有自己的感受和想法，并乐于与人交流。

⑤ 诵读儿歌、童谣和浅近的古诗，展开想象，获得初步的情感体验，感受语言的优美。

⑥ 认识课文中出现的常用标点符号。在阅读中体会句号、问号、感叹号所表达的不同语气。

⑦ 积累自己喜欢的成语和格言警句。背诵优秀诗文50篇（段）。课外阅读总量不少于5万字。

（3）写话。

① 对写话有兴趣，写自己想说的话。

② 在写话中乐于运用阅读和生活中学到的词语。

③ 学习使用逗号、句号、问号、感叹号。

（4）口语交际。

① 学讲普通话，养成讲普通话的习惯。

② 能认真听别人讲话，努力了解讲话的主要内容。

③ 听故事、看音像作品，能复述大意和自己感兴趣的情节。

④ 能较完整地讲述小故事，能简要讲述自己感兴趣的见闻。

⑤ 与别人交谈，态度自然大方，有礼貌。

⑥ 有表达的自信心。积极参加讨论，敢于发表自己的意见。

（5）综合性学习

① 对周围事物有好奇心，能就感兴趣的内容提出问题，结合课内外阅读，共同讨论。

② 结合语文学习，观察大自然，用口头或图文等方式表达自己的观察所得。

③ 热心参加校园、社区活动。结合活动，用口头或图文等方式表达自己的见解和想法。

2. 第二学段（3—4年级）

（1）识字与写字。

①　对学习汉字有浓厚的兴趣，养成主动识字的习惯。

②　累计认识常用汉字 2500 个左右，其中 2000 个左右会写。

③　会使用字典、词典，有初步的独立识字能力。

④　能使用硬笔熟练地书写正楷字，做到规范、端正、整洁。用毛笔临摹正楷字帖。

（2）阅读。

①　用普通话正确、流利、有感情地朗读课文。

②　初步学会默读。能对课文中不理解的地方提出疑问。

③　能联系上下文，理解词句的意思，体会课文中关键词句表达情感的作用。能借助字典、词典和生活积累，理解生词的意义。

④　能初步把握文章的主要内容，体会文章表达的思想感情。

⑤　能复述叙事性作品的大意，初步感受作品中生动的形象和优美的语言，与他人交流自己的阅读感受。

⑥　在理解语句的过程中体会句号与逗号的不同用法，了解冒号、引号的一般用法。

⑦　学习略读，略知文章大意。

⑧　积累课文中的优美词语、精彩句段，以及在课外阅读和生活中获得的语言材料。

⑨　诵读优秀诗文，注意在诵读过程中体验情感，背诵优秀诗文 50 篇（段）。

⑩　养成读书看报的习惯，收藏并与同学交流图书资料。课外阅读总量不少于 40 万字。

（3）习作。

①　留心周围事物，善于书面表达，增强习作的自信心。

②　能不拘形式地写下自己的见解、感受和想象，注意表现自己觉得新奇有趣的、印象最深、最受感动的内容。

③　愿意将自己的习作读给他人听，与他人分享习作的快乐。

④　能用简短的书信、便条进行书面交际。

⑤　尝试在习作中运用自己平时积累的语言材料，特别是有新鲜感的词句。

⑥　根据表达需要，使用冒号、引号。

⑦　学习修改习作中有明显错误的词句。

⑧　课内习作每学年 16 次左右。

（4）口语交际。

①能用普通话与人交谈。在交谈中能认真倾听、领会要点，并能就不理解的地方向对方请教、就不同的意见与人商讨。

②听人说话能把握主要内容，并能简要转述。

③能清楚明白地讲述见闻，并说出自己的感受和想法。

④能具体生动地讲述故事，努力用语言打动他人。

（5）综合性学习。

①能提出学习和生活中的问题，有目的地搜集资料，共同讨论。

②结合语文学习，观察大自然，观察社会，书面与口头结合表达自己的观察所得。

③能在老师的指导下组织有趣味的语文活动，在活动中学习语文，学会合作。

④在家庭生活、学校生活中，尝试运用语文知识和能力解决简单问题。

3. 第三学段（5—6 年级）

（1）识字与写字。

①有较强的独立识字能力。累计认识常用汉字 3000 个左右，其中 2500 个左右会写。

②硬笔书写楷书，行款整齐，有一定的速度。

③能用毛笔书写楷书，在书写中体会汉字的美感。

（2）阅读。

①能用普通话正确、流利、有感情地朗读课文。

②默读有一定的速度，默读 般读物每分钟不少于 300 字。

③能借助词典阅读，理解词语在语言环境中的合理意义，辨别词语的感情色彩。

④联系上下文和自己的积累，推想课文中的有关词句的内涵，体会其表达效果。

⑤在阅读中了解文章的表达顺序，体会作者的思想感情，初步领悟文章基本的表达方法。在交流和讨论中，敢于提出自己的看法，作出自己的判断。

⑥阅读说明性文章，能抓住要点，了解文章的基本说明方法。

⑦阅读叙事性作品，了解事件梗概，能简单描述自己印象最深的场景、人物、细节，说出自己的喜欢、憎恶、崇敬、向往、同情等感受。阅读诗歌，大体把握诗意，想象诗歌描述的情境，体会诗人的情感。受到优秀作品的感染和激励，向

往和追求美好的理想。

⑧ 学习浏览，扩大知识面，根据需要搜集信息。

⑨ 在理解课文的过程中学习顿号与逗号、分号与句号的不同用法。

⑩ 诵读优秀诗文，注意通过诗文的声调、节奏等体味作品的内容和情感。背诵优秀诗文 60 篇（段）。

利用图书馆、网络等信息渠道尝试进行探究式阅读。扩展自己的阅读面，课外阅读总量不少于 100 万字。

（3）习作。

① 懂得写作是为了自我表达和与人交流。

② 养成留心观察周围事物的习惯，有意识地丰富自己的见闻，珍惜个人的独特感受，积累习作素材。

③ 能写简单的纪实作文和想象作文，内容具体，感情真实。能根据内容表达的需要分段表述。

④ 学读写笔记和常见应用文。

⑤ 能根据表达需要使用常用的标点符号。

⑥ 修改自己的习作并主动与他人交换修改，做到语句通顺、行式正确，书写规范、整洁。

⑦ 课内习作每学年 16 次左右。40 分钟能完成不少于 400 字的习作。

（4）口语交际。

① 与人交流能尊重、理解对方。

② 乐于参与讨论，敢于发表自己的意见。

③ 听人说话认真耐心，能抓住要点，并能简要转述。

④ 表达要有条理，语气、语调适当。

⑤ 能根据对象和场合，稍做准备，作简单的发言。

⑥ 在交际中注意语言美，抵制不文明的语言。

（5）综合性学习。

① 为解决与学习和生活相关的问题，利用图书馆、网络等信息渠道获取资料，尝试写简单的研究报告。

② 策划简单的校园活动和社会活动，对所策划的主题进行讨论和分析，学写活动计划和活动总结。

③ 对自己身边的、大家共同关注的问题，或电视、电影中的故事和形象，

组织讨论、专题演讲，学习辨别是非善恶。

④初步了解查找资料、运用资料的基本方法。

三、教学目标的解读

《义务教育语文课程标准（2022 年版）》尽管是从总目标和阶段目标两个方面来描述教学目标，但是上述教学目标还可以分为知识与能力、过程与方法、情感态度与价值观三大类。小学语文教学目标和各个阶段的教学目标整合了知识与能力、过程和方法、情感态度和价值观的学习要求。这样便于沟通不同学科里相同的学习行为，体现了当前小学阶段各学科的共同目标追求。为了在教学中真正贯彻和落实小学语文新课标的先进理念，我们还需要从"三维"的角度对小学语文课堂教学目标进行分类。

（一）知识与能力

知识是对客观事物性质经验的概括。能力是指个人完成某种活动所必需的个性心理特征。能力是获得知识和技能的前提，知识是形成能力的基础。语文知识是一个以语言为核心，以语言的方式表达着和存在着的多元知识体系。小学语文教学的知识体系主要包括语言知识、文学知识、文章知识、经验知识和策略知识等。

第一，语言知识。语言知识教学的根本目的是将知识转化为在听、说、读、写实践中驾驭语言文字的能力。

第二，文学知识。文学教育是小学语文课程的重要组成部分，文学知识也就必然成为小学语文教学的知识目标体系的重要组成部分。

第三，文章知识。《义务教育语文课程标准（2022 年版）》把教材选文分为论述类、实用类和文学类三种类型，在选文中涵盖了文章知识的教学。

第四，经验知识。语文的学习既是运用已有经验知识的过程，更是积累新的经验知识的过程。

第五，策略知识。策略知识是指学生学习语文的方法性知识。掌握学习语文的基本方法，才能根据需要采取适当的方法解决阅读和交流中的问题。

在小学语文教学中，学习语文知识是必要的，但学习知识本身不是目的，目的是运用知识。在语文教学实践中，知识不是繁琐、割裂、支离破碎、机械重复地再现，而是要加以整合运用。在小学语文教学过程中，教师要注重整合、强调知识在运用中的价值，教学的重点应放在使知识向能力，乃至素养方面的转化上。

小学语文教学能力目标体系主要包括具备独立的阅读能力，注重情感体验，有较丰富的积累，形成良好的语感；能借助工具书阅读浅易文言文；能根据语境揣摩语句含义，运用所学的语文知识，帮助理解结构复杂、含义丰富的语句，体会精彩语句的表现力；学会灵活使用常用的语文工具书，能利用多媒体收集和处理信息；能在生活和其他领域的学习中，正确、熟练、有效地运用语文；能具体明确，文从字顺地表达自己的意思；能根据日常生活需要，运用常见的表达方式写作。由此可见，小学语文教学能力的目标主要是提高学生的语文素养，培养学生运用母语进行听、说、读、写的能力。

（二）过程与方法

过程与方法，是指在一门学科的学习中，学生对所学习的知识技能的反思、批判与运用。过程是一种途径，过程的价值在于使学生经历知识与能力的获取，经历失败的痛苦与成功的喜悦。方法是学习的方法、探究的方法和合作的方法，方法的价值在于使学生学会学习。在课程目标的结构体系中，过程与方法是基础性的动态支持系统。当某个学习活动开始时，主体调用需要的知识技能，依据一定的情感态度价值观为取向，采取特定的方法与策略，在活动目标、自我兴趣与需要的驱动下，建构起具有一定效能的活动过程。语文教育本身是一个动态的过程，学生学、思、议、读、写和口语交际等，都是学生实践的过程。在实践的过程中，学生不仅增长了知识、增强了能力，而且使智力获得发展，情感受到熏陶。在实践的过程中，学生不仅掌握了学习方法，而且学会了如何学习语文，这句话强调了语文学习过程与学习方法的重要性。

《义务教育语文课程标准（2022年版）》倡导自主、合作、探究的学习方式，并强调了对学习方式的选择和运用，提出了对学生学习方法的总要求，即根据自己的特点，扬长避短，形成富有个性的语文学习方式。教师应引导学生了解学习方法的多样性，掌握基本的语文学习方法，根据需要采取适当的方法解决阅读和交流中的问题。正是从现代社会对新人素质和能力的需求出发，《义务教育语文课程标准（2022年版）》新课标将学生语文学习和实践的过程视为自主、合作、探究的过程，即引导学生通过有质量的阅读和写作活动，去探讨人生价值和时代精神，逐步形成自己的思想和行为准则，树立积极向上的人生理想，增强振兴中华的使命感和社会责任感。在语文教学中，要培养小学生独立思考、合作探究的良好习惯，特别是要发展创造性探究活动所必备的严密、深刻和具有批判性的思维。

（三）情感态度与价值观

情感，是人对所经历事实的心理体验，它不仅指学习热情，更指内心体验和心灵世界的丰富。态度，则是人内在体验的外在流露。情感态度不仅指学习态度和学习责任，还指乐观的生活态度、求实的科学态度和宽容的人生态度等。价值观就是对价值的看法，强调个人价值与社会价值的统一，科学价值与人文价值的统一，以及人类价值与自然价值的统一，从而使学生从内心确立起对真善美的价值追求，以及人与自然和谐相处的理念。从横向看，这三个要素具有相对独立性，它们构成了人的感性世界或非理性世界的相对完整的画面；从纵向看，这三个要素又具有层次性，它们共同构成了一个由低级到高级的心灵连续体。

情感态度与价值观，是人对亲身经历事实的体验性认识及由此产生的态度、行为和习惯，是对互动教学中心理因素的功能性要求。因为情感态度与价值观不仅有着密切的内在联系，而且都有一种共同功能，即对师生互动教学过程与方法的优劣，有极其重要的影响和制约作用，对知识与技能这一结果性目标的达成，有巨大的调控作用。就一门学科而言，情感态度与价值观是伴随着对该学科的知识和技能的反思、批判与运用实现的学生个性倾向性的提升。就语文课程而言，它是指培养学生高尚的道德情操和健康的审美情趣，形成正确的价值观和积极的人生态度。例如，在课程目标中，提出要使学生"学习鉴赏中外文学作品，具有积极的鉴赏态度""注重合作学习，养成相互交流的习惯，乐于与他人交流自己的阅读鉴赏心得"，这就强调了学生学习中的情感态度因素。"增强文化意识，重视优秀文化遗产的传承，尊重和理解多元文化"，则概括了文化层面的价值观要求。在教学实践中，我们要努力把这些体现学生内在变化的情感态度与价值观的目标有机融合，并贯穿在教学过程中。

四、教学目标的实现方法

（一）利用课程资源实现

课程资源包括课堂教学资源和非课堂教学资源。课堂教学资源都是按照新课程标准和三维目标的要求设置的学习目标和学习任务。非课堂教学资源包括图书、报纸、刊物、电视、电影、网络环境、校园文化、社区风俗、文物古迹、自然景观、人文精神、国际国内大事、学生的家庭生活和日常生活，它们都是可供利用的课外学习资源。在引导学生开发和利用这些资源时，教师要指导学生采取适当的学习方式，注意个人的情感体验，获取知识和能力的发展。

（二）在教学过程中实现

1. 主体参与的有效化

在教学过程中，教师要尊重学生的人格，尊重学生的个性差异。教师要学会赞赏学生，帮助学生激发学习兴趣。在语文教学中，教师要注重培养学生选择的能力和履行职责的能力，使学生有能力选择学习的内容和方法，能够胜任独立学习以及合作学习中的任务。语文教学要与学生的生活世界相联系，激活学生的生活经验，拨动学生的心弦，使学生作为学习主体，有效地参与语文学习的过程。

2. 情感态度的个性化

学生是千差万别的学习主体，在具体的学习内容、学习过程、学习场景和学习范畴中，在个人的情感体验上，也会各不相同。教师要充分尊重学生的这种差异，并注意保护和尊重学生独特的个人情感体验，让个性化的情感体验在学生的学习过程中，在教师的指导过程中，得到丰富和发展。教师要引导学生能够联系文化背景，对学习内容的思想感情倾向作出自己的评价，对学习内容中感人的情境和人物形象，能够说出自己的体会。

3. 目标任务的多样化

对每个学生来讲，他们各自的知识结构、人生经历、生活阅历、情感倾向、个性特色、学习习惯和学习方法等都存在差异。这些差异都直接或间接影响到学生的学习效果。所以教师要能够使课堂教学的目标任务多样化，让个人基础不同的学生，达到适合自己发展需要的目标要求。这样，学生在达到自己的目标任务的前提下，能够享受到学习成功的快乐，才会对学习充满信心，更顺利地进行更高层次的学习。

（三）在自主学习过程中实现

当今的课堂教学，应当成为学生自主、合作、探究学习的天地。自主学习，是指学生在学习的过程中，有较强的主体作用，能够自我定向、自我选题、自我激励、自我监控和自我评价。合作学习，是指在学习的过程中，学生借助小组和团队的力量，共同完成学习任务，更加有效地学习。探究学习，是指在学习的过程中，学生采用探究的方式，是一种在特定的情境下的探究。学生通过自主、独立的选题、调查、收集资料、处理信息、交流材料和表达与交流等探索活动，获得知识技能，发展情感与态度，培养探索精神和创新能力的学习方法和学习过程。自主、合作、探究三者相辅相成，水乳交融，有机结合。自主、合作、探究的学习方式，是以学生为中心，使学生成为学习和发展的主体。学生采取这样的学习方式，在学习的过程中有情感的投入，能获得有效的情感体验，有利于学生良好价值观的形成。同时，也提高了学生的能力，使知识和文化得到积累。

（四）在教师指导过程中实现

《义务教育语文课程标准（2022 年版）》是以学生的学为基础提出来的，弱化了教师的主导地位。但是在课堂教学的过程中，教师的指导仍然起着至关重要的作用，这种作用通过学生的主体地位的确立和学生自主、合作、探究学习的效果体现出来。布鲁纳认为"学生是一个积极的探究者。教师的作用是创设一种能够使学生独立探索的情境，而不是提供现成的知识，学生不是被动、消极的知识接受者，而是主动、积极的探索者"。课堂教学尽管应当成为学生自主、合作、探究学习的天地，但教师绝不是袖手旁观者。教师应当积极地指导学生的学习过程，采取适当的学习方法，并且教师应当成为学生学习的合作者，主动积极地参与学生的学习过程，在参与的基础上指导。第一，教师要利用有利于学生学习的因素，激发学生学习的内动力，让每个学生都能体会到学习的乐趣。第二，教师要千方百计地拓展学生自主、合作、探究学习的空间。第三，教师适当地组织专题性探究活动。要注意在学生能力和知识的基础上，指导学生选择适合自身发展需要的学习方法。在指导的过程中激发学生的情感体验，丰富学生的知识，提高学生的能力。

（五）在实践过程中实现

课堂教学过程不仅是学生学习的过程和教师组织教学的过程，而且是学生实践的过程。因此，教师要注意学生实践能力的培养，并且在培养学生实践能力的过程中，使三维目标得以实现。学生的实践过程包括识字、写字、阅读、写作、口语交际、收集和处理信息等实践活动。教师要注意重视学生的实践活动，在实践活动中，培养学生的实践能力。学生的实践活动是自主合作学习的过程，是掌握知识、培养能力的有效途径，并且在实践活动中，使学生的情感得到体验和升华。

三维目标是相互联系、相互渗透的整体，是一个完整的人在学习活动中实现素质建构的三个侧面。因此，课堂教学应该全面关注三维目标，并将它整合于统一的语文教学活动之中，高效达成预期的教学目标，全面提高学生的语文素养。

第三节　小学语文新课程的实施建议

一、教学建议

（一）总体建议

第一，充分发挥师生双方在教学中的主动性和创造性。语文教学应在师生平等对话的过程中进行，学生是语文学习的主人，语文教学应激发学生的学习兴趣，注重培养学生自主学习的意识和习惯，为学生创造良好的自主学习情境。自主、合作、探究的学习方式与有意义的接受性学习相辅相成。教师应该尊重学生的个体差异，鼓励学生选择适合自己的学习方式。教师是学习活动的组织者和引导者，应转变观念、更新知识、钻研教材，不断提高自身的综合素养。教师应创造性地理解和使用教科书，积极开发课程资源，精心设计教学方案，灵活运用多种教学策略，引导学生在实践中学会学习。

第二，在教学中体现语文的实践性和综合性。努力改进课堂教学，整体考虑知识与能力、过程与方法、情感态度与价值观的综合，提倡启发式和讨论式教学。沟通课堂内外，充分利用学校、家庭和社区等教育资源，开展综合性学习活动，拓宽学生的学习空间，增加学生语文实践的机会。

第三，重视情感态度和价值观的正确导向。培养学生高尚的道德情操和健康的审美情趣，形成正确的价值观和积极的人生态度，是语文教学的重要内容，与语文能力的提高、语文学习过程和方法的形成是融为一体的，不应把其当作外在的附加任务。教师应该根据语文学科的特点，注重熏陶感染，潜移默化，把这些内容渗透于日常的教学的过程中。

第四，重视培养学生的创新精神和实践能力。语文教学要注重语言的积累、感悟和运用，注重基本技能的训练，给学生打下扎实的语文基础。同时，要注重开发学生的创造潜能，培养综合实践能力，促进学生持续发展。

第五，遵循学生的身心发展规律和语文学习规律。学生生理、心理以及语言能力的发展，具有阶段性的特征。不同内容的教学，也有各自的规律，应该根据不同学段学生的特点和不同的教学内容，采取合适的教学策略。同时，注意不同学段之间的联系和连接，促进学生语文素养的整体提高。

（二）具体建议

1. 识字、写字与汉语拼音教学

识字、写字是阅读和写作的基础，是第一学段的教学重点。对学生识字与写字的要求应有所不同，要贯彻多认少写的识字教学原则，讲究教学方法，以减轻学生负担。识字教学要将儿童熟知的语言因素作为主要材料，同时充分利用儿童的生活经验，引导学生利用课外机会主动识字，力求识用结合。要运用多种识字教学方法和形象直观的教学手段，创造丰富多彩的教学情境，提高识字教学的效率。写字教学要重视对学生写字姿势的指导，引导学生掌握基本的书写技能，养成良好的书写习惯。汉语拼音教学，应尽可能有趣味性，宜以活动和游戏为主，与学说普通话、识字教学相结合。

2. 阅读教学

阅读是搜集处理信息、认识世界、发展思维和获得审美体验的重要途径。阅读教学是学生、教师、教科书编者和文本之间对话的过程。阅读是学生的个性化行为，教师应引导学生钻研文本，在主动积极的思维和情感活动中，加深理解和体验，有所感悟和思考，受到情感熏陶，获得思想启迪，享受审美乐趣。教师要珍惜学生独特的感受、体验和理解，不应完全以教师的分析来代替学生的阅读实践，也要防止用集体讨论代替个人阅读。

阅读教学应注重培养学生具有感受、理解、欣赏和评价的能力。这种综合能力的培养，各学段可以有所侧重，但不应把它们机械地割裂开来。在教学中，还要培养学生探究性阅读和创造性阅读的能力，提倡多角度、有创意的阅读。利用阅读期待、阅读反思和批判等环节，拓展思维空间，提高阅读质量。各个学段的阅读教学，都要重视朗读和默读，应加强对阅读方法的指导，让学生逐步学会精读、略读和浏览等。有些诗文应要求学生诵读，以利于学生积累、体验和培养语感。

在阅读教学中，为了帮助学生理解课文，教师可以引导学生随文学习必要的语法和修辞知识，如词类、短语结构、句子成分和常见修辞等，但不必进行系统的语法修辞知识教学，更不应要求学生死记硬背。在教学中，教师要培养学生广泛的阅读兴趣，扩大阅读面，增加阅读量。阅读教学提倡少做题，多读书，好读书，读好书，读整本的书，鼓励学生自主选择阅读材料。

3. 写作教学

写作是运用语言文字进行表达和交流的重要方式，是认识世界、认识自我和创造性表述的过程。写作能力是语文素养的综合体现。写作教学应贴近学生实际，让学生易于动笔、乐于表达，应引导学生关注现实，热爱生活，积极向上，表达真情实感。第一学段和第二学段可以从写话、习作入手，以降低起始阶段的难度，重在培养学生的写作兴趣和自信心。在写作教学中，应注重培养学生观察、思考、表现和评价的能力。要求学生说真话、实话和心里话，不说假话、空话和套话，激发学生展开想象和幻想，鼓励写想象中的事物。教师应为学生的自主写作提供有利的条件和广阔的空间，减少限制，鼓励自由表达和有创意的表达，少写命题作文。加强对平时练笔的指导，提倡写日记、书信和读书笔记等。写作教学应抓住取材、构思、起草、加工等环节，指导学生在写作实践中学会写作，重视引导学生在自我修改和相互修改中提高写作能力。

4. 口语交际教学

口语交际能力是现代公民的必备能力。在教学中，应培养学生倾听、表达和应对的能力，使学生具有文明和谐地进行人际交流的素养。口语交际是听与说双方的互动过程，教学活动主要应在具体的交际情境中进行。口语交际教学应努力选择贴近生活的话题，采用灵活的形式组织教学，不必过多传授口语交际知识。鼓励学生在各科教学活动和日常生活中，提高口语交际能力。

5. 综合性学习

综合性学习主要体现为语文知识的综合运用，听、说、读、写能力的整体发展，语文课程与其他课程的沟通，书本学习与生活实践的紧密结合。综合性学习，应突出学生的自主性，重视学生主动积极参与精神，主要由学生自行设计和组织活动，特别注重探索和研究的过程。综合性学习应强调合作精神，注意培养学生策划、组织、协调和实施的能力等，提倡与其他课程相结合，开展跨领域学习。

二、教学评价建议

（一）总体建议

第一，充分发挥语文课程评价的多种功能。语文课程评价具有检查、诊断、反馈、激励、辨别和选拔等多种功能，其目的不仅是考查学生实现课程目标的程度，更是检验和改进学生的语文学习和教师的教学，改善课程设计，完善教学过程，从而有效地促进学生的发展。教学评价应发挥语文课程评价的多种功能，尤其应注意发挥其诊断、反馈和激励功能。

第二，综合运用多种评价方式。在小学语文教学评价中，形成性评价和终结性评价都是必要的，但应加强形成性评价。评价活动提倡采用成长记录的方式，注意收集和积累能够反映学生语文学习发展的资料，记录学生的成长过程。对学生语文学习的日常表现，应以表扬、鼓励等积极的评价为主，采用激励性的评语，从正面加以引导。小学语文教学评价，要坚持定性评价和定量评价相结合。语文学习具有重情感体验和感悟的特点，更应重视定性评价。学校和教师要对学生的语文学习档案资料和考试结果进行分析，评价结果的呈现方式除了分数或等级外，还应用最有代表性的客观事实描述语文学习的进步和不足，并提出建议。评价设计要注重可行性和有效性，力戒繁琐、零碎，防止片面追求形式。

第三，促进评价主体的多元化。语文教学评价应注意将教师的评价、学生的自我评价和学生之间的相互评价相结合，加强学生的自我评价和相互评价，还应让学生家长、社区机构等积极参与评价活动。在实施评价时，要尊重学生的主体地位，面向全体学生，尊重个体差异，促进每个学生的健康发展。

第四，突出语文课程评价的整体性和综合性。语文课程评价要注意识字与写字、阅读、写作、口语交际和综合性学习五个方面的有机联系，注意知识与能力、过程与方法、情感态度与价值观的交融、整合，体现语文课程目标的整体性和综合性，避免只从知识和技能方面进行评价，要根据不同年龄学生的学习特点，以不同学段的目标为参照，抓住关键，突出重点。

（二）具体建议

1. 识字与写字

汉语拼音能力的评价，重在考查学生认读和拼读的能力，以及借助汉语拼音认读汉字、纠正地方音的情况。评价识字要考查学生认清字形、读准字音、掌握汉字基本意义的情况，以及在具体语言环境中运用汉字的能力，借助字典、词典等工具书识字的能力，不同的学段应有不同的侧重。识字与写字教学，要关注学生日常识字的兴趣，调动学生识字与写字的积极性，关注学生写字的姿势与习惯，重视书写的正确、端正和整洁。

2. 阅读

阅读评价要综合考查学生阅读过程中的感受、体验、理解和价值取向，要关注其阅读兴趣、方法与习惯，也要关注其阅读面和阅读量，以及选择阅读材料的趣味和能力，重视对学生多角度、有创意阅读的评价，语法和修辞知识不作为考试内容。

（1）朗读和默读的评价

能用普通话正确、流利、有感情地朗读课文，是朗读的总要求。根据阶段目标，各学段可以有所侧重。评价学生的朗读，应注意考查对内容的理解，可从语音、语调和情感表达等方面进行综合考查。评价默读，从学生默读的方法、速度、效果和习惯等方面进行综合考查。

（2）精读的评价

要考查学生在词句理解、文意把握、要点概括、内容探究、作品感受等方面的表现，培养评价学生对读物的综合理解能力，要注意评价学生的情感体验和创造性的理解。

（3）略读和浏览的评价

评价略读，重在考查学生能否把握阅读材料的大意。评价浏览能力，重在考查学生能否从阅读材料中捕捉到有用信息。

（4）文学作品阅读的评价

着重考查学生对形象的感受和情感的体验，对学生独特的感受和体验应加以鼓励。在高年级教学中，可通过考查学生对形象、情感和语言的领悟程度，评价学生初步鉴赏文学作品的水平。

（5）古诗文阅读的评价

评价学生阅读古代诗词和浅易文言文，重点考查学生的背诵积累，考查他们能否凭借注释和工具书理解诗文大意。词法、句法等方面的知识，不作为考试内容。

3. 写作

写作评价综合考查学生作文水平的发展状况，应重视对学生写作的过程与方法、情感与态度的评价。例如，是否有写作的兴趣和良好的习惯，是否表达了真情实感，表达是否得体合理，对有创意的表达应予鼓励。写作教学评价要重视对写作材料准备过程的评价，评价要重视写作材料的准备过程，不仅要具体考查学生占有材料的丰富性和真实性，也要考查他们获取材料的方法。教师要用积极的评价，引导学生通过观察、调查、访谈和阅读等途径，运用多种方法搜集材料。

在评价中，教师要重视对作文修改的评价，要注意考查学生对作文内容、文字表达的修改，也要关注学生修改作文的态度、过程和方法等。要引导学生通过自改和互改，取长补短，促进相互了解和合作，共同提高写作水平。新课标倡导采用多种评价方式，评价方式可以是书面的，可以是口头的；可以用等级表示，也可以用评语表示；还可以综合采用多种形式。小学语文教学评价，提倡建立写作档案，写作档案除了存留有代表性的作文外，还应有关于写作态度、主要优缺点以及典型案例分析的记录，以全面反映写作实际情况和发展过程。

4. 口语交际

评价学生的口语交际能力，应重视考查学生的参与意识和情意态度。评价应在具体的交际情境中进行，让学生承担有实际意义的交际任务，以反映学生真实的口语交际水平。

5. 综合性学习

综合性学习的评价，应着重考查学生的探究精神和创新意识，尤其要尊重和调动学生学习的自主性和积极性，鼓励学生运用多种方法，从不同的角进行多样化的探究。这种探究，既有学生个体的独立钻研，也有学生群体的讨论交流。所以除了教师的评价之外，要多让学生开展自我评价和相互评价。评价的着眼点主要包括在活动中的合作态度和参与程度；能否在活动中主动地发现问题和探索问题；能否积极地为解决问题去搜集信息和整理资料；能否根据占有的课内外材料，形成自己的假设或观点；语文知识和能力综合运用的表现；学习成果的展示与交流。在评价时，要充分注意学生在解决问题过程中采用的思路和方法。对不同于常规的思路和方法，尤其要给予足够的重视和合理的评价。通过构建科学的小学语文教学评价体系，不断提高小学语文的教学效率。

第二章　小学语文的教学现状

第一节　小学语文教学中存在的问题

一、教学目标不合理

课堂教学目标是课堂教学的灵魂和核心，是语文的核心价值所在，是语文教学的出发点和落脚点，也是整个课堂教学设计的核心。教学目标指导和制约着整个教学活动，决定整个课堂教学活动的方向和课堂教学的操作流程，也直接关系着课堂教学的效果和学生的发展。教学实践证明，如果教师在课程开始以导言组织或是内容概要的方式展开，确立学生的学习方向，有效引导学生进入学习状态，学生就能随时保持高度的学习方向感，能有效提高教学效率。因此，科学合理地设计教学目标，在教学中具有重要作用。但是，在目前的小学语文教学目标设计中，还存在一些问题。

根据《义务教育语文课程标准（2022 年版）》，小学语文课程的总目标应按照知识与能力、过程与方法、情感态度与价值观三个维度制订，充分发挥教学目标的导向和激励功能，着眼于学生语文素养的提高，促进学生的全面发展。小学语文课堂的教学目标是对小学语文课程目标的具体化和情境化，它既应该体现语文课程的总体目标，又能适应教材的特点、学生的具体学情和教师的教学个性。这就要求教师在制订教学目标时要全盘谋划，从教师、教材和学生三者统筹兼顾，既要有以感知为基础的认知目标，又要有以能力训练为主的技能目标，同时还应制订学生的内在情感态度与价值观目标，并把各个方面的教学目标有机融合在一起，使之三维一体化。

教学目标是教学活动的重要因素之一，是教学活动的指挥棒。教学活动的预期结果受教学目标的制约，整个教学过程围绕教学目标而展开。教学目标正确、合理，教学效果则有效，否则，教学则低效或无效。因此，在小学语文教学中，教师应以新课程理念为指导，在设计教学目标时，既要重视学生的语文知识和技能目标，也要关注学生学习语文知识的过程与方法，使学生养成正确的语文学习观念和学习习惯，促进学生的全面发展。

二、教学方法不当

经过调查发现，小学语文课堂教学活动始终以教师的"教"为主，学生依然是跟在教师后面走。教师按照预设好的方案实施教学活动，提出问题以后引导学生沿着自己的思路走，从而得到自己预期的答案，整个课堂的互动很生硬。这种保守的教学方法，缺乏开放性，抑制了课堂的成长性和学生的创造性。在小学语文教学中，教师经常采用的一种教学方法是讲授法。讲授法是以讲授为主要活动的教学方法。教师可以运用讲授法，在短时间内将大量纷繁复杂的语文知识，简洁而又系统地传授给学生。教师可以根据学生的具体学情作出具体的调整和变化，灵活运用讲授法，提高课堂教学效果。但是许多语文教师由于讲授法运用不当，使小学语文教学成了灌输式教学。

灌输式教学使教学活动教条化，不符合新课程标准的要求。《义务教育语文课程标准（2022年版）》强调尊重学生的主体地位，实现师生角色的转换，使学生自主探究知识。小学语文教学不应单纯地追求考试成绩，要使学生在智力、能力和情感态度等方面获得全面发展。灌输式教学枯燥乏味，使学生丧失了学习语文的兴趣，打消了学生学习的积极性。灌输式教学方式主要是以教师的教为主，学生扮演的是听众的角色。在课堂上，师生的互动很少，学生的参与度非较低，忽略了学生作为学习主体的作用，不能充分发挥学生的主观能动性。学生的参与度低，学习的热情和兴趣必然不高。

在新课程大力倡导自主建构知识的形势下，过去以教师单向传授知识为主的教学方式已经不符合现代语文教育的要求。新课程提倡让学生自主、合作、探究语文知识，从而实现自我建构知识的教学方式。教师必须重新认识和理解新课程，认识到新课程要求的教学活动是师生平等互动和共同学习的过程。学生是整个教学活动的主体，教师应转变教学方式，引导学生主动探索研究。通过教学方式的变革，推动学生学习方式的改变。

在教学实践中，教师要创造开放式的教学环境，激发学生的语文兴趣，引导学生主动探究，使学生养成自主建构知识的习惯。当然，新的教学方法与传统教学方法并不是完全对立的关系。语文新课程的实施，并不意味着对传统讲授式教学方式的完全否定。对于一些逻辑性较强和难度较大的知识点，教师可以采用以讲授式为主的教学方式。但是在教学时，教师必须把握好讲授的程度，杜绝"满堂灌"。在教学方式的选择上，教师要因材施教，灵活地运用各种教学方法，不断提高语文的教学效果。

三、教学模式陈旧

随着小学语文新课程的不断深入和发展，以学生发展为本成为教学活动的中心。在满足学生不同的语文需要等理念的指导下，各种培养学生自主能力和探究能力的教学模式应运而生，语文教学模式也呈现多样化的趋势。但是受考试模式的影响和制约，目前小学语文教学仍以"讲解—接受"教学模式为主。这种教学模式仍以教师的"教"为中心，忽略了从学生的"学"出发，教学效率较低。

在这一教学过程中，教师更多侧重的是将知识介绍给学生，很少考虑到学生应以何种方式学习更有效。一节课下来，教师讲得滔滔不绝，学生参与活动的机会很少，发言的机会也很少，课堂氛围不活跃。在教学设计中，教师没有设计有趣的师生互动，难以提高学生的注意力，不能有效激发学生的学习兴趣，学生注意力不集中，导致教学的效率很低，学生的学习效果也不理想。

一堂有深远意义的语文课，应该是能给学生思考和启发，让他们在探究的过程中真正学到学习的方式，学到解决问题的办法。传统课堂有限的教学与交流时间，限制了师生的深入交流，教师不能深入地了解学生的个性需求，对学生在语文学习中遇到的问题没有及时进行差异化辅导。在这种传统的教学模式的长期影响下，学生会形成一种接受式学习模式，导致学生缺乏积极思考的能力，不利于培养学生的创造性思维。

语文教师在了解语文新课程理念和有效教学思想的基础上，运用新理念和新思想，改变传统的教学模式，在课堂上应以学生为中心，充分调动学生的积极主动性，充分发挥学生的主观能动性，以练习、活动和实践为主，将学生学到的语言知识转化成语言能力，这样才能完成语文新课程标准中的教学目标，实现有效教学。

四、自主、合作、探究教学流于形式

有的教师每节课都使用自主、合作、探究的教学方法。不分主次轻重，不管有没有讨论的价值和必要，教师都让学生进行讨论，并且认为一节课内讨论得越多越好，使教学活动走入了误区，结果就是学生疲于应付，激情有余，内容不足，教学效果欠佳。这样的讨论非常随意，讨论的效果也不理想。在教学中，也常看到这种现象：不管所提的问题有没有合作的必要，教师都要求讨论，教师提出一个问题，让学生分组展开讨论，教师的问题还没说完，学生就已经说出了答案，这样的问题完全没有讨论的必要。在实际的教学过程中，并不是什么问题都需要去讨论，什么问题都要讨论，这样无疑是将讨论形式化，既耽误了时间，又没有实际效益。

有时教师设置的问题超出了学生的知识范围，学生看到问题，有种无从下手的感觉。在学生讨论时，有的教师缺乏参与意识，一味的放手让学生合作，课堂无序、杂乱，没有课堂效益，更谈不上有效的指导。教师应在学生讨论时，密切观察，适时给予指导。对于学生在讨论中存在的普遍问题，教师应耐心讲解，加深学生对语文知识的理解和吸收。学生参与教学活动的多少和参与的方式、方法，决定着教学活动能否成功完成，能否达到预期的教学效果。教师只有有效地引导学生开展自主、合作、探究活动，才能使学生高效地掌握语文知识，才能优化语文教学的效果。

五、教学评价体系不科学

目前，关于新课程评价机制的研究还停留在理论研究阶段，以理论层面的构想为主，缺乏具体的可实施的评价方案。小学语文新课程的实施，没有明确的衡量标准和目标导向，致使对学生评价的主要内容是语文学科知识和技能，忽略对学生综合语言运用能力、思维创新能力以及情感态度的评价。语文的评价方式主要是教师对学生的单项评价，学生处于被动地位，缺少学生评教师、学生评学生的多元评价方式。在教学的评价内容方面，忽视对学生学习过程、学习方法和学习兴趣等多方面的评价。在这样的情况下，新课程只能在考试指挥棒的影响下沿着原来的轨道运行，导致小学语文课程改革难以顺利实施。

在日常教学中，教师对学生在课堂上的表现进行评价时，也要关注语文学科分数。在学习的过程中，老师应看到学生的努力、学生高昂的情绪等。语文教学评价方式单一，会扼杀学生的个性。

语文教师应该按照语文新课程标准的要求，实施多元化的评价方式。一是评价方式多样化。可以用口试、日常家庭作业、课后访谈、课外活动、问卷调查等方式来评价学生。二是评价结果呈现多样化。比如，语言描述、象征性图形奖励。三是参与评价的对象多样化。比如，学生自我评价、学生互评和家长对学生的评价。教师由原来的只注重结果的评价转变为结果和过程并重，不仅关注学生获取的知识与能力，而且还要关注学生获取知识的过程与方法，使学生树立正确的语文学习态度和观念。只有构建科学合理的教学评价机制，才能使师生查漏补缺，共同进步，不断提高小学语文教学的效率。

第二节　小学语文教学现状的成因分析

一、教学理念落后

通过调查发现，教师教学理念陈旧，忽视了学生的综合素质和各方面的潜力，对三维目标中的过程与方法、情感态度与价值观目标也缺乏考查，在考试中一直是盲区。这样会对实际教学产生误导，难以将语文新课程的理念落实到教学实践中。

受到传统教学观念的束缚，教师不重视语文的教学，教学的模式较为落后，传统的语文教学模式仍然在课堂教学中占主导地位，违背了新课程的教学理念。自主、合作、探究式的教学，一般都出现在公开课和观摩课上。在新课程的实施过程中，由于课时的限制和考试的压力，《义务教育语文课程标准（2022年版）》提出的实践活动基本上很难开展。由此可见，教师对新课程理念的接受和贯彻落实情况不容乐观。因此，只有教师不断创新教学理念，才能有效贯彻落实新课程标准，促进学生的全面发展。

小学语文教学活动不仅是一个操作上的技术问题，而且实质上更是教学观念和教学理念的具体体现。传统的教学观认为，"学生的学习是在教师的组织下进行的，教师是教学过程的主体，学生的学习完全是在教师的安排下完成的。教学活动是教师为完成教学任务而组织的，对于学生学习之后是否达到教学的要求，教师的备课过程和教学评价考虑得很少"。因此，在教学过程中，出现"目标陈述不合理"的现象，这多是由于教师的教学理念没有跟上新课程改革的步伐，在设计教学活动时沿袭老路产生的后果。通过课堂观察和教师访谈，我们了解到新课程虽然实施已有多年，但部分教师对语文教学的理解还是停留在传授知识的层面，对教材的处理是围绕考试而展开的，教学活动围绕考试而设计实施。在教学实施过程中，仍以教师为中心，仍以讲授语言知识及分析课文为主。在教学过程中，教师忽视学生主体性的发挥，轻视学生整体素质的发展，忽略了对学生综合语言运用能力的培养。其结果是教师和学生都付出了许多努力，却没有使学生的学习能力和创新能力得到提升。

语文新课程改革的终极目的是全面提高学生的语文素养，促进学生全面、和谐、可持续地发展。语文新课程强调，学生是教学活动的主体，学生的认知过程是自主建构的过程，并非教师强加的。因此，在认知建构的过程中，教师要同时关注学习过程与方法、情感态度与价值观的形成。小学语文教师要科学地设计和组织教学活动，首先必须转变教学理念，使教育教学活动面向全体学生，以学生的全面发展为教学的最终归宿。在教学活动中，以学生为主体，充分体现为学而教的教学理念。

二、对教学目标的主观重视不够

目前，在小学语文教学实践中，教师往往忽视课堂教学目标的制订问题。在日常的教研活动中，小学语文教师更重视讨论教学方法，很少有人会质疑教学目标的制订。因为教学目标可以参考新课程标准，还可以借鉴教学参考书和其他教辅用书，其中不乏有设计优秀的教学目标可供利用。这种没有教学目标或随意设置教学目标的现象，归根结底是教师对教学目标不够重视。

现代教学理论和实践都证明，教学活动是一种有目的、有计划的活动，其目的性和计划性主要反映和体现在教学目标上。完整的教学活动，包括教学目标、教学过程和教学评价三大支柱，而教学目标占据首要位置。有效的教学，必先具备有效的教学目标。有效适当的教学目标，是教学活动的第一要素和基本前提，是选择教学内容和教学方法的依据，也是衡量教学成败的标准。具体到一节课，课堂教学目标是其灵魂，是一切教学活动的方向和归宿。注重教学目标的制订，是实现教学优化的前提。如果目标不明或者有偏差，教学行为就会表现出盲目性和随意性，从而导致教学效率低，教学效果差。因此，小学语文教学必须有明确的目标。小学语文教师只有真正认识到语文教学目标制订的重要性，才能切实做好课堂教学目标的制订工作，从根本上提高小学语文教学的效率。

三、对教学内容把握不准

语文教学的最终目标是促进学生语文素养的全面发展。教师不仅要重视学生对语文知识的掌握情况，还要重视培养学生的语文运用能力以及创新思维能力；不仅要重视发展学生的智力因素，还要注重发展学生的非智力因素。只有深入理解《义务教育语文课程标准（2022 年版）》，选取恰当的教学内容，才能激发学生学习语文的兴趣，唤起学生学习语文知识的兴趣，最终取得较好的教学效果。我国教育部颁布的《义务教育语文课程标准（2022 年版）》，已经明确表示了淡化知识教学，突出能力培养与情感陶冶的倾向。小学语文新课程改革出台的许多新的教育教学理念和教学方法扑面而来，一方面冲击了不符合时代发展的传统教学思想和教学方式，使许多一线教师看到了美好的前景，另一方面又不能完全适应改革的现状，致使许多一线教师无所适从。

在新课标已成为基础教育主旋律的今天，仍有不少小学语文教师把传授知识作为教学的主要目标。尽管新课程改革明确提出了从三个维度制订课程目标，但是由于过程与方法、情感态度与价值观属于隐性目标，不像"知识与能力"目标那样好把握。尤其是在小学语文教学过程中，许多教师对新课程标准认识不准确，体现在具体的教学活动中，出现了偏重"知识与能力"的训练，忽视了学生其他语文素养的培养。

在教学中，有的教师认为语文教学内容就是教材的内容，教语文就是教教材，在规定的时间内完成大纲要求的所有课文。课堂的教学内容，就是讲解一篇篇选文，教和学的目的就在于领会这一篇篇选文。例如，文章的作者、时代背景、字词句、中心思想和写作特点等，落脚点也只在"记住"。不同个性的学生，在同一个规定的时间，学同一篇课文，听同样的分析，记同一个结论。教师一丝不苟地遵循着教学参考答案，按部就班地完成着教参规定的教学目标，而不问这些教学内容有没有脱离学生的实际和心理需要，教学目标是否真正转化成学生作为生活主体的内在需要。课堂教学的终极目标，对教师来说似乎是教教材，就是使学生掌握和复现教材中的知识，并且以掌握的程度来衡量学生。对学生来说，似乎是学教材，就是为了学会那些教材中特定的知识内容。这样的教学内容，脱离了学生的生活实际，脱离了学生的特点，不利于培养学生在现实生活中的语文应用能力。学生看不到知识与他们现实生活的关系，看不到语文在生活中的应用，也逐渐丧失了学习语文的兴趣。

四、课堂教学脱离学生生活

小学生的课堂纪律意识淡薄，行为习惯有待培养，因此在课堂教学中，教师需要花费较多的时间和精力对其进行组织和管理，教学进度必然受到影响。教师在规定的时间内完成教学任务已然不易，往往没有太多的时间、精力和心思再去考虑教学方法。所以在小学语文课堂上，基本采用单一的灌输法，"教师讲，学生听"，教师传授着书本知识，学生被动地接受着书本知识，学生似"容器"，教师似"匠工"，整个课堂以教师的教为主导。

如果绘一张课堂交流流程图，所有的箭头都指向教师或从教师那里出发。在整个教学的过程中，教师注重的是学生对知识结果的掌握，忽视了学生结合自身的生活经验而对课文产生的理解、体验和感悟。教师这种"一言堂"的教学方式，使学生无法在语文教学活动中介入自己的生命活动和精神活动。学生在课堂上体验不到语文有助于丰富生活自身的意义，当然也就无法促进他们在语文课堂主动追求人生经验与意义的建构。

除了课堂教学方法单一、僵化外，还存在着教学空间狭窄的问题。所有的语文教学活动，都局限在课堂上。有人曾向学生做过调查，大多数人认为最有效的学习方式是在实践中学习。毋庸置疑，课内是语文教学的主阵地，学生的学习方法、知识技能等很大程度上在课内获得，但课内不是语文教学的起点，更不是语文教学的终点。语文课堂好比"加油站"，把学生的生活经验引入课内，通过"加油"，使学生的学习方法、知识技能等更加科学和完好，再让他们到生活中去检验和运用。让学生带着社会生活经验走进课内，又带着良好的技能和方法走向课外。只有这样，那些原来是反映社会生活的课文，才不至于成为抽象乏味的教学符号，而是还原了它的本来面目，变得亲切、生动和充满活力。语文教学空间应尽可能拓展到校园、家庭和社会生活中去，课内课外，双翼并举。只有这样，才能使语文教学充满生气和活力。

五、缺乏对学生主体地位的重视

（一）忽视学生的主体性地位

近年来，倡导和弘扬教育主体的创造性，关注教育主体的生命价值和意义，让课堂教学焕发出勃勃生机和生命力，逐渐成为我国课堂教学改革的主题。在教学过程中，教师应与学生积极互动、共同发展，处理好传授知识与培养能力的关系。教师要注重培养学生的独立性和自主性，引导学生自主探究知识，在实践中学习，促进学生在教师的指导下主动、富有个性地学习。但是在当前的小学语文教学中，仍存在着忽视学生主体性地位的现象，具体表现在以下四个方面。

第一，学生的学习缺乏主动性。课前能主动预习的学生很少，课堂上能自觉开动脑筋思考问题的学生也很少，大部分学生对语文学习缺乏积极性和自主性。

第二，学生在自主探究知识的过程中，教师干预过多。当前的语文课堂，大多是以教师的"教"为主体的教学模式，学生在课堂上的自学时间不多。新课程教学理念没有被教师广泛接受，课堂以教师为中心的观念还是根深蒂固。这样的教学模式，扼杀了学生学习的主动性、积极性与创造性。

第三，学生间的合作交流以单向互动为主，多元互动较少。学生平时的互动交流，大都是师生之间认知性信息的单向交流，多元互动少，缺乏综合交流。在课堂上，学生发言的机会很少，参与讨论的情况也很少，学生之间很少交流学习体会。学生与学生之间缺乏有效的沟通和互动，导致不善于与同学互助合作和共同交流学习。

第四，学生创新意识薄弱。学生在语文学习的过程中，很少怀疑知识的正确性和教师的权威性，不善于发现问题并提出问题，导致学生缺乏质疑与探索的意识。

（二）缺乏对学生差异性的关注

我国的教育家很早就认识到学生之间存在着差异，最典型的是孔子的"因材施教"观点。国外著名教育家昆体良要求重视学生的差异性，教师教学要以学生的差异性为根据。在此基础上，采取适合学生差异的教学，发挥每个学生的聪明才智。对学生学习有着重要影响的差异因素，主要是智力与非智力、多元智能、认知风格、学习风格、学习水平、兴趣、性别、年龄、性格和学生准备等。著名的哈佛大学心理学家霍德华·加德纳在《智力的结构》中提出了全新的智能理念。他将人类的智能分为八种，即语言智能、音乐智能、数理逻辑智能、视觉空间智能、身体运动智能、自然认知智能、自我认知智能和人际交往智能。每个学生都拥有自己最擅长的智能，不能简单地停留在传统的语言智能和数理逻辑智能来判断学生的学业成绩。以上都说明，在教学活动中关注学生个体差异的重要性。

语文教学活动要以学生的发展为中心，充分尊重学生的主体地位，关注学生的个体性差异，不断提升学生的语文素养。在当前的小学语文教学中，教师有时采用"一刀切"的教学模式，但并不是所有的学生都适用同一种教学方法。"一刀切"的教学模式，忽视了学生的个体差异，导致教学效果不理想。因此，教师应根据新课程标准的要求和小学生的特点，充分关注学生的个体性差异，不断创新教学理念，改进教学方法，提高教学效率，促进学生的全面发展。

六、师生关系不和谐

语文是一门人文性和工具性相统一的学科。在课堂上，教师要增强师生间和学生间的互动，这样有助于构建和谐的师生关系。从某种角度来说，师生关系融洽与否，直接影响教学质量的高低。师生关系对于有效课堂的建立也至关重要。学生喜欢教师，教师关爱学生，师生关系和谐融洽，课堂教学效果也会提高。例如，在调查中，有学生曾谈到，在 A 学校的时候，语文成绩一直很好，经常取得第一名。但转到 B 学校后，他的成绩却总是很糟糕。根据他的回忆，认为是因为两所学校里的师生关系不一样。在 A 学校里，教师都很年轻、热情、有活力，常常会与自己的学生说说笑笑，气氛十分融洽。而在 B 学校，师生关系就没有那么融洽，教师与学生之间、学生与学生之间缺乏互助和友爱。该学生在 A 学校得到了教师的尊重，内心深处感受到的是愉快和幸福，常常是愉悦的体验，所以语文学得非常好。而在 B 学校，师生关系不融洽，所以学习成绩也随之下降。可见，良好的师生关系令人心情舒畅、自信乐观、热情向上、积极主动，而糟糕的师生关系会影响学生的语文学习。

由此可见，良好的师生关系可以调动师生双方的积极性。只有在和谐的师生关系中，教师才能够"诲人不倦"，学生才能"学而不厌"。了解学生和尊重学生，才是教育的前提。青少年处在青春期，容易叛逆，容易冲动，教师容易忽略学生的这一心理特点。教师作为知识的传授者和课堂教学的设计者、组织者、管理者，如果不了解学生的心理特点，就会使自己和学生的距离更遥远，使得学生有敬而远之的感觉，这不符合新课程改革对教师角色的新要求。

新课程改革要求教师应是学生、学者和研究者，是学生心灵的培育者，是学生的榜样和朋友。在多数人的心中，教师是有渊博知识和较高文化水平的学者，有较强的学习能力和研究能力，学生也因教师有较高的文化素养而对教师尊敬和信服。学生尊重教师，教师关爱学生，师生关系才会融洽。在讲授新课时，教师就是一位知识的传播者，要用自己渊博的知识和丰厚的文化底蕴感染学生、吸引学生，使整个课堂在自己的掌控之中。语文教师是一位引导者，带领学生在知识的海洋里遨游，和学生一起探索语文知识和学习语文的方法。如果说教师的角色是复杂多变的，那么语文教师的角色更是变化无穷的。所以在教育教学活动中，语文教师要成功地塑造每一个角色，努力建立和谐的师生关系。

七、语文教师专业素质有待提高

（一）教育理论功底不扎实

有的语文教师没有系统地学习过语言学，对语文教育理论知识和语文教学法也没有系统的认识。教师对于语文应该开设哪些分课程并没有清晰的思路，不能够清晰地解读《义务教育语文课程标准（2022年版）》，对国家课程改革了解不够深刻。另外，如果教师的教育理论功底不扎实，就不能将教育心理学知识运用到教学中，对学生的学习规律和学习心理缺乏深入研究，导致教学活动的设计不能充分吸引学生，不利于教学活动的顺利展开。

（二）教育实践能力欠佳

有的教师的教学方法不当，教学实践能力一般。许多教师的教学活动设计不适合学生的年龄特征和语言水平，教学方法单一。有的教师对教材和教学大纲的分析不够透彻，教学内容的重难点模糊，三维目标不明确。此外，教师的实践能力弱，还体现在对于课堂的掌控能力不够，处理课堂突发事件的能力不足。因此，教师应认真学习先进的语文教学理念，不断积累教学经验，提高语文教学水平。

（三）教育科研能力薄弱

有些语文教师接受新观念和新理论的能力较弱。在教学中，学生仍然是被动地接受学习，对突出学生主体地位的教学方法探究不够，很少系统地研究教材，对教材没有宏观上的把握。语文教师由于工作压力和时间限制，很少对教育实践中的现象和问题进行研究，很少走近学生、了解学生，这样很难将理论和实践相结合，也很难探究出属于自己的教学思路。

当下要求语文教师具有更扎实的语言基础知识和技能，更高的文化素养，但有些语文教师缺乏专业素养，能力有待提升，尤其是开发课程资源的能力和教学反思的能力较弱。在教学中，教学反思能力是极其重要的。教学反思是教师发展的基础，也是教师成长的起点。可是通过对教师访谈，笔者了解到只有少数语文教师会经常反思自己的教学活动，并及时调整改进，这在一定程度上制约了语文新课程的发展，影响了语文教学的有效性。

语文教师要想有所转变，要想在自己教育教学的道路上有所发展和建树，必须有终身学习的意识，丰富自己的专业知识，让自己成为一个满腹经纶的"通才"。同时，要加强教育理论知识的学习，落实语文新课程先进的教学理念，做到理论和实践相结合，有效提高语文教学效率。

第三章　小学语文课堂教学

第一节　小学语文教育特点

小学语文属于人文的基础学科，承载着我们祖国的灿烂文化，影响着人的精神世界。这就要求我们广大一线小学教师在教学中要发掘文本中蕴含的人文因素，让班级学生在学习过程中化为积极的情感体验。语文基础教育中的人文教育，不是灌输和说教，而是让班级学生在感受、理解语言文字的过程中潜移默化地受到启迪与感染。

小学语文作为具有很强实践性的基础教育学科，教师要注意该学科与实际生活相结合的有效实践。小学语文教育作为小学生母语课程，其实在各方面都能够用到它，实用性很强。人类生活其实都需要用言语沟通交流，这也是应该让班级学生更多地到生活学习的重要因素。

基础语文教育还要考虑到汉字的独有特点，在教学实践应用中，教师要学会培养其良好的语言感知能力，即语感。教师要引导班级学生充分感受到文字魅力，才能激活班级学生头脑中储存的文字表象，引导班级学生以后能够从名篇中潜心品读、反复诵读、比较品评、展开联想与想象。班级学生也会对文章产生真切感受并得到体会，所承载的情感、魅力浸润到班级学生内心引起班级学生在情绪上共鸣反应，从而触发语感。

小学教师还要注意的是良好的语感，它是以整体感知为主要基础的，因此这也是要求小学语文教师培养小学生时，注意现代小学生的理解能力和对整体把握程度，从问题整体进行入手，感受、体味、领悟。通过这一系列的流程，班级学生才会完整的把握作品、理解作品具体的表达内容，进而形成良好的语感。

语文教育的特点是对于低年级学生逐渐培养对课本的思想感情理解的过程，而在小学语文教育中，逐渐培养低年级学生对课文思想感情的最好方法，便是在学习过程更好地融入情感因素，只有将情感因素融入小学语文教学中与学习中，才能在加强低年级学生对语文课文内容思想感情理解的同时，不断提高孩子们的学习效果。

第二节　小学语文课堂教学存在的问题

一、现代小学教师对新课标把握的偏差

（一）工具性和人文性双重属性

小学语文的实质就是帮助低年级学生掌握语言这个人类交际和交流的工具。教学语文，就是帮助低年级学生通过语言学习，进行思维和开发智力。好的小学语文作品才是编写者思想的精粹。

现在教科书的选编都属于精心挑选的名篇，对其文章进行讲解、分析、评价，特别是文学作品，必然要富于感情色彩。将其放在小学语文课堂中，有的小学语文教师重工具性轻人文性，导致在小学阶段的学生对文章整体感受模糊。一篇精彩洋溢的文章被简化为几个生字词、几个修辞句、几段背诵段。这种忽视文章源流的行为，使得教材就局限在课文本身上，学生对文章的笔者、背景、题材等文学常识一无所知。

小学语文教学作为低年级学生良好习惯养成的重要手段，其教学方式以及教学模式十分重要。当前小学语文教学中的最有效的教学方法便是从孩子们的内心情感出发，班级上孩子们有充分的了解和认识，通过在教学时孩子们情感的积极引导、熏陶和感染，使低年级学生在语文课堂中收获语文知识外，还能够收获更多的情感体验，从而促使小学生情感与价值观的发展。

（二）无法把握小学语文基本特点

小学语文是"百科之母"，是基础教育中的重中之重，小学语文具有综合性的特点。小学语文一直具备知识的多样性、小学语文能力多极化、教材形式多样化。小学语文不仅要进行基础的德育，而且也是对美育的培养。小学语文教学与情感教育有着十分紧密的联系，二者相辅相成，密不可分，可以说小学语文游戏形式的教学是低年级学生情感教育的重要体现。

例如，《一面五星红旗》（人教版）讲述的是一名中国留学生在国外时，因一次独自远足发生意外，为要保全国旗，宁愿舍弃自己性命的过程。在文章中语言朴实、情感内隐。在班级上，对孩子们来说是不太好理解。

在课文中，没有对祖国直抒胸臆地说出我爱祖国，但是六次出现"五星红旗"或"国旗"，每次出现都可以让读者感受到主人公神态、动作、语言、心理活动，体会到他们对五星红旗那强烈而深沉的热爱。

现在小学语文教育作为孩子们的基础德育，需要以情感渗透的方式进入班级学生内心，而不是老师自顾自地感动，小学语文的佳作素材诸多，但是受小学基础教育的学生需要。表达出思想，需要具有实践性。在改革之后，所编制的当代语文基础教育材料也体现出这些特点。

（三）小组合作的学习互动环节流于形式

低年级学生由于年龄等问题，其情感表达和感受通常是较为肤浅的，因此孩子们情感在语文教学过程中比较容易受到语文教师的影响。其实可以说是没有领会精髓，一味地去生搬硬套，而老师大多找几个与课文相关的问题进行探讨研究，问题面大、量广，缺乏深度和探索性。

（四）多媒体教辅手段使用不当

AI代替人脑，编程代替手工，互联网自媒体已经展现其影响力，多媒体形式的教育课堂属于现代化的教育发展。由于课堂上学生表现的思维方式偏向形象和直观，所以更喜欢图片、动画、视频，而非文本。以往的大量教学事实证明，低年级学生如果没有养成正确的学习动机，便会表现出注意力难集中、情绪不定、意志力弱等现象。

如有一位小学教师在教《荷塘月色》三、四段的时候，制作了一个以轻音乐为背景，集动画、图像为一体的多媒体课件。课件确实展现了课文内容，能够把班级学生带到月荷交映的情景中去，但遗憾的是，在展现画面的同时没有配上课文朗读，使课件失去了朗读训练的示范作用。

多媒体形式的语文教学，激发小学生独立思考和探索新知识的兴趣，为此一定要注意充分采取课堂上的孩子们能够接受的语言，配合辅助设施等，让班级学生全身心投入学习并不觉得疲劳。

二、现代小学教师对文本解读的误区

（一）缺乏对文章整体内容形式的观照

小学语文课本质上是教师文学素养的体现，是现代小学教师对文本的渗透、领悟，需要调动班级学生、中小学语文教师的情感体验，或理性地解剖文章，或激情地与人物共鸣，教师要把自己对文本的理解与每个班级上学生对文本的理解沟通起来，找准一个切入点，与班级学生产生共鸣，探讨、理解文章阐释的观点以及蕴含的思想内容，而不是找几个具有辐射性的问题广泛讨论。问题设计要具有启发性、思辨性、逻辑性，把自己的理解融入文本教学中去。

如学习五年级《长相思》（人教版）："山一程，水一程。身向榆关那畔行，夜深千帐灯。风一更，雪一更。枯碎乡心梦不成，故园无此声。"时，将"山一程，水一程"理解为一程山一程水，将"风一更，雪一更"是一更风雪。

上篇描写千军万马跋山涉水，浩浩荡荡向山海关前进，声势甚盛。入夜，营帐中灯火辉煌，宏伟壮丽。下篇写笔者思乡心切，感到孤单落寞。夜已深，帐外风雪阵阵，使人无法入眠，归梦难成。

（二）缺乏对笔者意图价值取向的揣摩

在"课文价值取向"的概念中，首先是笔者的价值取向。笔者写一篇文章，总是要表达自己的一种思想，一种情感，从中无不体现着自己的价值取向，这当然是毫无疑义的。我们要传达课文的价值取向当然也离不开对笔者创作本意价值取向的探索。语文教师在教学过程中通过对学生进行情感教育渗透，不仅能够有效提高小学语文的课堂效率，而且也能够促进低年级学生情感与价值观的发展，全面提升孩子们综合素质能力。阅读名人的优秀著作，对于课堂上学生表现的价值取向，这是很正常的，体现了阅读的本质：即历史性读物总是在不断更新的阅读中生成出永不完结的意义。

举例：《去年的树》（人教版），四年级上册的课文。文章讲述了这样一个故事：鸟儿和树是好朋友，它天天唱歌给树听，将要飞回南方时，鸟儿答应了树的请求——还要回来唱歌给它听。可是第二年春天，当鸟儿飞回来找它的朋友时，树却不见了。鸟儿四处寻访，最后找到由树做成的火柴点燃的灯火。朋友不在了，友情还在，诺言还在，于是，它心里充满了忧伤和惆怅，面对着由朋友的生命点燃的煤油灯，唱起了去年的歌。

这则故事主要通过对话展开故事的情节，推动故事的发展。课文所说明的道理，也在这对话以及后来鸟儿的表现中逐步表现出来，而这则故事也告诉了班级学生做人要信守诺言，珍惜朋友之间的情谊。

我们引导班级里的学生时，首先让学生思考这样的问题：树可以砍吗？

班级学生会带着这种疑问来了解树的作用，然后引发出美化环境、保护环境等一系列问题。教师需要提出如果都不砍树，怎么建房子供我们居住？怎么制造火柴帮助我们点火等反对问题，让孩子通过查询，找到一些自己认为可行的办法。

这样的一个流程下来，让班级学生了解了种树是为了生活得更美好，砍树也是为了生活得更美好。二者均不可缺，不能只提倡种树，而不砍树；而且当中提到了友情和守信，也说明了课文本身包含的信息量很大，让读变得更加多元化。

（三）缺乏读者个性化的阅读心灵体验

现代美学的价值观告诉我们，读者的阅读，不是被动、静止地接受笔者的结论和意义，而是要充分发挥自己的主观能动性，调动自己的期待视野，根据作品中的"空白点"和"不确定性"等"召唤结构"进行思考、联想、想象、填补、反思，从而创造出自己新意义的过程。当代现代小学教师对教材文本的阅读，首先是一般意义上的读者的阅读，同样应在把握文本基本价值取向的同时，对教材文本给出自己的理解和意义的建构，并合理地运用于教学，在班级学生在领悟笔者意图、读懂文章的前提下，谈出自己的感受和看法，获得自己个性化的阅读心灵体验，激发小学生对阅读的兴趣，提高班级学生阅读的理解能力。

苏教版小学语文二年级上册的《小鹰学飞》是一篇童话，叙述了小鹰在跟随老鹰学飞的过程中，老鹰不断向小鹰提出新的目标，从而使小鹰知道学习没有止境，应该不断进取的道理。一位小学教师在教学《小鹰学飞》时是这样处理的：课文学到最后，我问孩子们："你觉得老鹰妈妈好不好？"几乎所有的孩子都回答：老鹰对小鹰要求很高，是为了小鹰好。这时有一个声音传进了我的耳朵："我觉得不好。"再看看说这话的孩子，一副想说又不敢说的样子。我就请他大胆地说说自己的想法。这个孩子说："我觉得老鹰的要求太高了点，小鹰第一次飞行就飞得这么高已经不容易了。""对的，它总是批评小鹰，小鹰会没有信心的。"有几个孩子附和道。接着孩子们分为两方，各抒己见。我没有想到学生会有这样独特又合理的见解，再想想课堂上学生表现的体会各不相同，这也十分正常。只有建立在平等的基础上，语文课堂对话才能是以石击石的火花迸射、以心连心的心潮相逐、以思促思的智力引爆、以情生情的激情奔涌。

三、当代现代小学教师对学情估计的不足

（一）模糊班级学生学段特点

阶段性不清，各年段阅读理解教学都在分析内容上用力，教学目标到位与不到位的问题同时存在。阅读理解教学低年级向中年级靠、中年级向高年级靠的倾向明显。低年级忽视朗读教学和词句教学；中年级忽视段的教学；高年级只注重分析内容，而忽视学习语言、领悟写法。各年段重语意、轻语言。

拿低年级来说，阅读理解教学要花很多精力进行频繁的问答，去分析课文内容，这就是越位；而用在识字、学词、写字上的时间很少，用在指点、引导班级学生正确地朗读课文上的时间很少，这就是不到位。要依照《义务教育语文课程标准（2022年版）》的年段目标，明确学什么，不学什么；教什么，不教什么。只有不折不扣地达成年段目标，体现阶段性，才能环环相扣，螺旋上升，最终实现小学阶段的各项目标。

（二）没有关注全体班级学生

小学语文的核心理念是全面提升每一个课堂上学生表现的小学语文素养，面向全体班级学生，使每一个课堂上学生表现的潜质都得到充分发展。但是在具体实施时，老师往往是自觉或不自觉地把关注的焦点放在自己身上，导致对学习的主体——班级学生一定程度的忽视。教学成为一种老师理想化的活动，教与学不能同步。想不出导致不愿意想、害怕说和不会说。老师关注的焦点应转移到学生身上，尤其是那些不爱参与的学生。在每项教学实践活动中，都会有主动积极的参与者，也会有被动的参与者。我们很多老师还没有习惯观察课堂上学生进行和

探究方式，没有给班级学生充分的时间思考和讨论，就进入下一个环节，老师应该注意能思考性地倾听与之交流，从深层感受和理解班级学生，引领孩子的思维一步步走向清晰和准确，从而发现和鼓励课堂上学生表现的创造精神。

四、小学教师语文课堂评价浮于表面

（一）评价未起到鼓励课堂上学生表现的作用

有的小学教师评价语言单一，课堂上学生表现的积极性被打消；有的小学教师评价言过其实，班级学生自信心受打击；有的评价内容缺乏依据，会导致在小学阶段的学生不知所措。小学语文课程评价的目的不仅是为了考察班级学生达到学习目标的程度，而且更是为了检验和改进课堂上学生表现的小学语文学习和小学语文老师的教学，改善课程设计，完善教学过程，从而有效地促进课堂上学生表现的发展。

教学方法的发展，运用各种有效的评价手段，发挥评价的激励、导向、调控、诊断等功能，为基础教育儿童的学习构建出富有诗情的和谐的生态评价环境，促进课堂上学生表现的和谐发展，才是新课程低年级学生小学语文课堂学习评价的诗意追寻。小学语文老师要努力以真诚的语言、温和的表情、期待的目光、宽容的态度来对待班级学生。让当代低年级学生能够培养出主动参与学习、不断创新的欲望和需求，正确的激发出班级学生发现和发展的多方面潜能。通过评价让班级学生看到自己前进的足迹，进而享受成功的喜悦，增强学习的信心和力量。

（二）评价未起到指点、引导班级里的学生作用

评价应该做到"因材施教"，鼓励为主，但是不能一味地迎合班级学生。一些开放式的问题班级学生可以各抒己见，但是如果班级学生在理解上出现偏差也应当有策略地指出，不能误导班级学生。作为小学语文老师，在贯彻新课程理念时，不应只从概念上理解，从形式上改变，应着眼于语文基础教育的本质，从文本的实际、课堂上学生表现的实际出发，对学习有困难者给予点拨，给表现优秀者表扬的同时，还应帮其反思经验，再提供指引，帮助低年级学生提升，延伸班级学生思维空间，使每位班级学生都能主动建构知识、技能与文化心理。这就需要小学语文老师们进行建构性评价，充分发挥评价的判断、提升、延伸功能。

在语文课堂评价中，小学语文老师必须对班级上的学生建构知识和经验，给

予出必要的方法进行引导，小学教师作为旁观者有意识地渗透一些基本方法，才能够发挥评价的提升教学效果。通过评价这种模式，让班级学生发现自己的不足，能够更好地明确努力他们的方向，让班级学生自己形成对自己的鞭策；通过评价融洽老师与课堂上学生表现的关系，加强师生的沟通和理解，进行心与心的撞击，使课堂上的孩子们能"尊其师而信其道"。

第三节　小学语文课堂有效教学的 基本要素

一、情境与问题

"文章合为时而著，诗歌合为事而作"，白居易如是说。写文章要依据当时的背景、笔者的心境。那么语文基础教育所依托的文本又岂能抛开情境孤立地分析呢？特级教师李吉林老师所提倡的语文情境教学法，是指导现代小学教师在教的过程中，遵循班级学生的心理特点，有目的地穿插具有一定感情色彩、形象生动的具体场景，以唤醒班级学生已有的经验，从而产生自己特殊的情感体验，帮助他们理解教材，促进班级学生知识能力、过程方法、情感态度和价值观得到充分发展。

在教学中通过文字和演绎，来引起课堂上学生表现的共鸣是语文情境教学法的核心，情境式语文教学，是在对老师小学语文本对话以后将所学知识进行提炼和加工后才呈现给课堂上学生表现的，这种精心设计情境式教学，存在着潜移默化、润物无声的暗示作用，这不仅优化了教学过程，而且也落实了教学效果。

二、阅读与思维

班级学生阅读作为小学语文内容的重要组成部分。这是由阅读的本质特征决定的。阅读能够让班级学生更好地进行对文字信息的理解和处理，属于一种复杂认知过程，将文字信息结合情感体验从而产生出复杂情感的共鸣效果，是对文字信息内化吸收并将外部语言转化为内部语言、转化为思维工具和表达工具、形成语言能力的复杂语言活动。

现代小学语文课本的编辑长期采取选文制度，课本内容皆为古今中外名家名篇，并且取精心篇章，把一篇篇文质兼美的作品挑选出来，根据教学需要编辑成册。与传统的单篇课文教学常规不同的是新课程下的阅读理解教学注重每单元的主题，同时在单篇文章的教法上面打破程式化，教会班级学生通过反复阅读、不同方式的阅读，形成自己独特的心灵感受。

三、互动与引导

通过激发情感参与、关爱、激励，培养自信、用多元化评价的方式实现语文课堂内有效的互动。审视传统的教育规范，在国内生态学教育理念的观照下，积极构建以"班级学生参与备课—老师创设情景—班级学生自主探究—师生质疑问难—共同评析归纳"为基本环节促进课堂上学生表现的可持续发展为目标的语文基础教育的新途径、新方法和新模式，把更多的主动权给学生，老师的角色转向分享、学习者，促进师生对话、生生对话及师生共同与文本对话。

四、练习与反馈

练习、作业、考试是老师常规教学环节中的重要步骤，能及时地传递、反馈出每个班级的学生对知识能力的习得和掌握情况也是新课改思想中广泛为社会重视的环节，因为是衡量班级学生课业负担轻重的重要一环。我们现在的小学生是国家的可靠接班人和未来建设者，他们素质的高低直接关系到我们国家的前途和命运，因此我们布置的课后作业，应该有助于他们以后的学习、生活和工作。传统的小学语文作业体现在听、说、读、写几个层面上，有效的作业设计不是要偏废哪一方面，而是要全面顾及。

第四章　小学语文课堂教学管理

第一节　小学语文课堂教学的影响因素

一、教师因素

（一）教师的教学观念

《义务教育语文课程标准（2022 年版）》倡导充分尊重学生的主体地位，鼓励学生自主、合作、探究。但是在教学实践中，有的教师还是沿用传统的灌输式教学模式，教学的理念较为陈旧，导致学生失去了探索语文知识的兴趣，教学效果不理想。因此，教师的教学观念在很大程度上决定了教师教学的模式以及教学的效果。教师应与时俱进，积极学习《义务教育语文课程标准（2022 年版）》，用先进的教学理念武装自己，不断优化小学语文的教学效果。

（二）教师专业知识水平和教学能力

渊博的语文学科专业知识是一名小学语文教师必备的基本素养。只有学科知识达到专业化，才能对教学内容处理得得心应手、科学合理。新手教师应在教育教学实践中不断积累沉淀、反思总结，根据学生的心理特点和发展规律，来学习心理学的知识。

由于部分教师专业知识水平和教学能力有所欠缺，难以协调传授知识与时间效益的关系，他们便在学生面前强调刻苦努力，让学生通过增加学习时间、搞题海战术的方式来取得成绩，这样的学习让学生被动机械地接受了知识，却违反了教育教学的客观规律，影响了学生发展。

教师教学能力的形成是在教学实践和体验中不断积累和成长的。我们往往在听完一些教师的课后，不禁赞叹道："他的课上得真好，完全和学生融为一体，教学水平真高！"这样的课堂教学效果，肯定要相对好一些。教师深入钻研教材，合理设计教学过程和环节，将教学内容生动地展现出来，这与教师平常的锻炼与努力是分不开的。因此，教师专业知识水平和教学能力，是影响小学语文课堂教学管理的重要因素，教师应树立终身学习的理念，不断提高自身素质。

（三）教师的教学设计能力

教师的教学设计能力也是影响小学语文课堂教学管理的因素。语文教师课前的备课与教学目标的设计，直接影响到课堂教学效果。备课要首先把握本单元的教学目标，深入研究教材，在分析学情的基础上选择合适的教学组织方式和方法，同时要写课时教案。教师备课翔实精优，那教师肯定在目标和教材上深入进行研究，并挖掘出更多有价值的问题和创新内容，而且每个环节是用讲授法还是讨论法，是小组合作还是独立完成，都做了提前的预设。只有这样，课堂教学才能环环相扣、紧凑协调。

（四）教师与学生的关系

平等、尊重、信任、理解、友好、和谐的师生关系，能够给学生充分发挥的空间。社会文化理论和活动理论认为，学习也是一种主动建构知识的过程。因此，师生关系的好坏，也影响着小学语文课堂教学管理的效果。

（五）教师的教学反思意识

教师的反思意识是指教师在教育实践中的反思意向和愿望，就是教师对反思所持有的内部观念，这种观念指引着教师反思的实际活动。有的小学语文教师对教学反思认识不够充分，只看到了它复杂烦琐的一面，而没有看到它有价值的一面。对于教学过程中的一些不足，我们可以及时改正，从而提升教学水平，加强教师本身的专业发展。在一次又一次的教学反思中，教师之间也可以互相学习、促进交流，不断优化小学语文课堂教学管理的效率。

（六）教师的评价与激励

教师的评价对学生的学习能够及时诊断、反馈问题，并起到激励指导的作用，帮助学生认识到自身学习存在的不足，并提出可行性的建议。若教师的评价侧重考试成绩，那么学生就会更加注重分数；若教师的评价侧重能力提升，那么学生就会更加注重参与、合作探究；若教师评价侧重人格和品质的养成，那么学生就会注重自己的思想品质。在运用评价时，教师要树立评价不是为了奖惩、评级，而是为了发现问题，了解问题的产生和发展，为改进教学方法提供指导。

二、学生因素

由于生理条件、生活环境和所受教育程度的不同，学生身上会出现发展方向、发展速度和发展方式等差异。学生的学习兴趣、学习动机和态度、认知风格、人格和自主参与的积极性，都是影响课堂教学有效性的因素。是否能认识和了解学生之间存在的差异，是影响课堂教学有效性的重要条件。

（一）学生的学习兴趣

学习兴趣是促进学生学习的兴奋剂，对课堂教学有效性的影响也是至关重要的。带着兴趣走进语文课堂，学生总是会满脸笑容，这说明他们喜爱这样的课堂。带着愉悦积极的态度来学习，学生自然就会主动去学，积极投入，主动思考，乐于展示。他们并不害怕教师，而是与教师成为朋友，学生都能发挥自己的个性特长，竞相参与。

（二）学生的学习动机和态度

具有积极的学习动机的学生，他们具有很强的责任感和充足的精力，会为了克服困难获得成功感而不断努力，从而调动了他们的积极性和内在潜力。动机弱的学生在遇到困难时就会退缩，即便付出努力也不能够坚持。恐惧的学生则缺乏意志力和信心，他们总是被动地接受知识和完成任务，从而降低了学习的兴趣。自信心强、勇敢的学生，对待学习的态度十分端正，能够积极地面对，主动完成任务。

（三）学生的认知风格

个体在进行信息加工时的心理倾向不同，就产生了不同的认知风格，包括场独立和场依存、沉思型和冲动型。场独立型的学生在复杂的周边环境中，可以简便地区分自我或特定的物体。相反，场依存型的学生存在一定难度。场依存型的学生更倾向于学习环境中具有社会性因素的问题，能够顺利有效地完成小组任务，他们对文学、历史等学科感兴趣。场依存型的学生更加喜欢小学语文课程的学习，并在语文课上表现突出，能根据教师的问题进行小组讨论探究，而场独立的学生在语文课程的学习上有所欠缺。

（四）学生的人格

1. 气质类型差异

气质无好坏，每个人的气质都是不同的，每种气质也是不同的，每种气质的类型又有典型性特征。例如，多血质的学生喜欢动手操作，他们思维活跃敏捷，善于与人交流沟通，在语文课堂上能积极发言，使课堂气氛十分活跃。但他们注意力很不集中，容易走神，看待问题浮于表面，没有深入的钻研理解问题。胆汁质的学生拥有充沛的精力，他们好胜心很强，能够全身心地投入小学语文课堂学习中。对于教师交给的任务，他们会很热情地去完成，努力克服在语文学习中遇到的困难。但他们也总是半途而废，缺乏耐心。如果教师给的问题太难，他们付出了一定努力，但没有解决，往往会选择放弃。抑郁质的学生对待语文学习中的困难胆小怯弱，反应速度慢，不能灵活地处理学习中所遇到的问题，很少与同学交流。在合作学习中，他们参与少，课堂积极性不高，总是沉默寡言。黏液质的学生在语文课堂上虽然思维比较迟缓，反应速度慢，但他们都能对问题进行思考，有丰富的想象力，能够坚持完成教师布置的教学任务。

2. 性格类型差异

性格差异主要表现为性格类型的差异。性格类型是指在某一类人身上共同具有的某些性格特征的独特组合，学生在学习和生活中表现出不同的性格。外向型的学生喜爱乐于助人，开朗大方。在课堂上不胆怯，勇于发言，独立性强，对教师布置的任务能够独立自主地去完成。内向型的学生十分安静，不喜欢与别人交往，常常一个人待在教室，在课堂上也十分安静，回答问题不积极。在小组活动时，他们比较沉闷，协调能力较差。在课堂表现中我们可以看出，大部分学生有时候表现得比较外向，有时候表现得相对内向。

（五）学生自主参与的积极性

没有学生参与的课堂是死板的课堂、枯燥的课堂、也是无效的课堂。教学就是面向学生，关注的是学生的主体性，发挥学生的主动性，从而通过学生参与实践来提升学生的创造能力并挖掘学生的智力潜能。学生自主参与的积极性，对课堂教学有效性产生十分重要影响。

三、教学组织方式及教学条件因素

（一）教学组织方式

根据专家研究和教学实践表明，在 40 分钟的课堂上，学生能听教师讲授的时间仅占 25 分钟左右。那么剩余的 15 分钟教师要怎样合理地安排利用，才能使得课堂教学发挥它的有效性呢？目前，小学语文课堂开始转变以前的教学方式，以合作探究代替满堂灌输，以学生为主代替教师权威，以能力培养代替死记硬背，以个性发展代替全体统一。每位学生对于教师提出的问题进行探究讨论，通过合作得出准确的答案，但大多数教师还没达到炉火纯青的程度。在常规课上，他们只是找几个与课文相关的问题进行探究，问题的提出缺乏目的性和探索性，使得合作互动环节。气氛搞上去了，学生也很活跃，但是否真正的发挥了学生的主体性，起到合作学习的目的，达到语文课堂教学的有效性，值得所有教师思考。教学方法的使用，使用是否恰当合理，都会对课堂教学产生影响。在小学语文教学中，教师应创新教学理念，丰富教学方法。例如，在习作课上，运用观察法和体验法教学；在常规课上，运用演示法和实验法；在阅读课时，采用读书指导法、朗读法、摘抄等形式，灵活运用，多元设计。

（二）教学条件

学校的自然环境、教学设施、图书馆、美化和师资配备，都属于教学条件支持的范畴。校园建设、操场建设、文体馆、图书馆、教室设施、多媒体实验室和语音教室等的完善与配备质量，直接影响课堂教学的有效性。在语文课堂上，学生和教师对多媒体的应用、计算机的使用、动手操作能力及学生的阅读水平等，都会影响语文课堂教学的有效性。对学生来讲，学校的物质环境具有美育的功能。

有效的环境要面向全体学生，并且环境应该轻松舒适，对教与学有益，教学材料充足。班级中的温度、空气质量、色彩搭配和设施布局等，都要适合学生的年龄和班级人数的多少。整个环境应整齐有序，学习资料便于取拿，座位摆放应宽松适宜并关注到每一位学生。精神的熏陶是渗透在每个身处环境中学生的内心的，学生置身于此学习环境中，在与环境的交互作用中，不断地将环境中的客观事物内化为自己头脑中的图式。反过来，这些图式又在不断地引导着学生的行为反应，增进学生有修养、积极的行为表现。教师应时刻观察学生，了解学生的观点，帮助学生创设情景，纠正学生的错误概念，使学生重新调整他们的看法。因此，学校和教师应根据学生的特点，为他们的语文学习创设良好的教学条件，增强学生对语文学科学习的兴趣。

第二节　小学语文课堂教学的现状

一、小学语文课堂教学中存在的问题

（一）课堂环境单调

1. 班级规模偏大

班级规模是小学语文课堂的生态因素之一，班级规模的大小会影响教师的教学行为、学生的学习行为以及师生之间的沟通交流。小学语文课堂的班级规模偏大，而小学生生性活泼好动，在人数多的班级中。教师不可能很好地注意到每个学生的学习状况，可能会出现顾此失彼的行为。在狭窄的空间中，学生更容易产生心情躁动，不易于学生有效的学习，影响学生学习语文的兴趣。

2. 座位编排不合理

座位编排形式是小学语文生态环境的重要因素，它对师生的课堂交往产生一定的影响。笔者在语文课堂中观察到，大部分小学语文教师采用"秧田式"座位编排授课。通过调查显示，64.8%的小学生认为语文课堂的座位形式从没变动过。由此可见，当前小学语文课堂座位编排还是沿袭传统的"秧田式"，并且很少变动。长期固定的"秧田式"的座位编排，虽然有利于教师进行讲授，但是不利于充分发挥学生的主动性，不利于生生之间的交流互动，也不利于培养学生合作学习的精神。这种座位形式，常常使教师居于权威地位，学生处于被动控制地位，并且前排及中间的学生更容易受到教师的关注，后排及四个角落的学生往往易受忽略，从而影响教师与部分学生的交流，难以激发学生的学习兴趣。

3. 语文教具材料单一

教具材料是教师在进行课堂教学环境设置时必不可少的工具，教师要根据教学内容的特点及学生身心发展的特点恰当使用。部分小学语文教师在教学时，教具材料单一。小学生以形象思维为主，有丰富的想象力，而小学语文的某些课文具有趣味性和生动性的特点，教师要根据小学生和语文课本特点，充分利用各种教学用具，调动学生的各种感官，激发学生学习的积极性。

（二）师生关系不和谐

1. 师生间缺乏互动

在小学语文课堂中，师生之间的友好交流是构成良好的课堂生态的关键。《义务教育语文课程标准（2022 年版）》中指出，在语文课堂教学中，教师应充分尊重学生的主体地位，使学生主动参与到语文课堂的教学活动中，增加师生间的互动，营造活泼的课堂教学氛围。但是在实际的课堂教学中，有的教师还在沿用传统的讲授式教学方式，课堂上基本是教师讲、学生听，师生间的互动缺乏。由此可见，在小学语文课堂中，教师与学生的互动较少，教师一直处于主导地位，忽视了学生主体的自主感受，难以调动学生学习的积极性。师生之间由于缺少沟通对话，情感易变得疏远。

2. 生生间的交流与合作较少

大部分教师认为在课堂上学生很少能合作学习，仅有一小部分教师认为学生经常能很好地合作学习，这说明学生之间合作学习语文的能力较弱。通过课堂观察，笔者发现大部分学生不太愿意与同学交流自己的学习体会和感受，即使教师要求学生相互探讨问题，也仅有小部分学生积极参与，其他学生有的看自己的课本，有的充当旁观者，只听别人发言。大多数学生没有积极地参与到合作学习中，生生之间的交流较少，易导致生生关系不和谐。

（三）教学内容不合理

1.过于注重语文文本，脱离学生生活实际

在小学语文课堂教学中，有的教师重点对课文中的内容进行讲解，忽略了学生的生活实际。有些学生由于平时没有细心观察周围的事物，对课本中出现的某些事物并不熟悉，但是许多教师并没有让学生在课上提出疑问，没有结合学生的认知特点进行教学，致使部分学生不能很好地理解所学知识。有些教师认为自己很少联系生活教学，仅有一小部分教师经常联系生活教学。由此可见，小学语文教师有时注重文本内容，不能很好地联系学生生活实际来进行教学，学生也不能充分地感受语文课堂的人文性和情感性。因此，小学语文教学内容脱离学生生活，难以激发学生的情感共鸣，不利于学生思维的发展。

2.偏重语文课内知识，忽视课外拓展

小学语文课堂的学习资源单一，偏重课内知识，忽视合理地运用课外资源，学生的学习内容局限于课本，不利于拓宽学生的视野，也不利于开发学生的思维。另外，通过观察，笔者发现小学语文课堂很少把课外实践活动与课内语文知识联系，导致学生的语文运用能力较弱。

（四）教学过程僵化

1.遵从教学预设，忽视生成空间

在小学语文课堂教学中，教师的问题预设本意是活跃学生的思维，激发学生的探究欲望，但当有学生回答的不是教师心中预设的答案时，教师并没有尊重学生的思考，而是面带微笑再次强调问题，直到学生说出统一的答案。但是持不同意见的学生仍旧坚持自己的理解，而教师却急于进行下一个教学环节。大部分语文教师会按照原来设计的教案进行教学，过于遵从预设的教学进程，而忽视课堂的生成空间，学生的个性化解读和创造被抑制，不利于培养学生的语文学习能力，阻碍了学生的自主发展。

2.教师过度讲解，学生缺乏领悟

小学语文课堂仍旧以教师讲解为主，却在教学过程中，忽视了学生的主体地位，学生在语文学习中缺乏感受体验。教师过度讲解，容易使学生产生依赖性心理，削弱学生自主领会知识的能力，不利于调动学生学习语文的积极性和发挥学生的主动性。

（五）教学评价单一

1.以教师评价为主，评价主体单一

在小学语文教学评价中忽视了学生的主体。学生是语文课堂的主要参与者和体会者，学生亲身体验感受过语文课堂，他们应该有更大的发言权。而事实上，学校并没有给予学生更多的机会来提出相关的教学建议或意见，通常以教师评价为主，忽视学生评价，因而评价主体单一，不利于客观地评价小学语文教学效果。

2.评价内容片面，方式单一

通过课堂观察，笔者了解到有的教师过于注重抄写和背诵语文知识，常常忽视了学生的语文学习能力、情感和态度等，致使许多学生在"记—忘—记"中频繁地记忆课本知识，没有真正消化吸收所学内容，小学语文评价常常以知识的掌握程度为准。由此可见，教学评价内容片面。小学语文教学注重总结性评价，通常以考试形式测评学生的语文学习程度，忽视过程性评价。这种评价方式过于单一，极易促使教师在教学目标上侧重知识目标，忽视其他目标。让学生学习语文的目的不是为了应对考试，不能使学生受到语文的感染和熏陶，也不能全面评价学生的学习效果，在一定程度上制约了语文课堂教学的改进。

二、小学语文课堂教学现状的归因分析

小学语文课堂是一个微观的生态系统。通过调查，笔者了解到当前小学语文的课堂存在许多非生态现象，其对课堂生态的主体教师和学生的发展产生一定程度的影响。下面笔者用生态学的相关原理，分析当前小学语文课堂出现这些非生态现象的原因。

（一）忽视耐度定律，抑制学生语文学习的空间

耐度定律是指在一个生态系统中，生物对每一种环境因素有忍受的上限和下限，上限和下限之间就是生物对这种环境因素的忍受范围，其中包括最适环境条件。学校要为学生提供一个良好、适度的空间环境，让学生在宽敞、舒适、轻松的教学环境中达到最佳状态，而小学语文课堂的人文性和情境性显著，更加需要适度的教学空间，才能使学生更好地融入语文学习，调动学生的情绪，激发情感。然而，当前许多学校在班级规模和座位编排上忽视耐度定律，仍旧按照传统的方式进行规划，因而在一定程度上影响了课堂教学。

1.过大的班级规模，易忽视学生的个体差异

通过问卷调查可知，在班级规模方面，有一半以上的学生所在班级的人数在 50 人以上。由此可见，当前小学语文课堂的班级规模偏大。班级规模越大，空间越狭窄，每个学生的个人空间越小。若超过一定的范围，会产生各种身体和心理的不适，如心情压抑、情绪不稳定、焦躁不安等。在拥挤的教室中，教师难以创设丰富生动的语文情境，唤起学生的情感共鸣，学生的情绪状态与语文教学所要求的入情入境的心境不符，学生学习积极性不高，影响小学语文教学效果。另外，班级人数过多，教室呈拥挤状态，教师不能关注每个学生的学习状态，易忽视学生的个体差异，进而偏向部分学生，其他学生受到冷落，不利于每个学生积极地参与课堂活动。适当地缩小班级规模，能给学生提供适度的语文学习空间，使每个学生都有机会参与课堂，形成活跃的课堂气氛，激发学生主动学习。

2.固定的座位编排，限制师生互动的空间

从问卷调查可知，在座位编排方面，当前小学语文课堂长期以"秧田式"座位形式为主，并且很少去变动。这种传统的编排方式，导致形成以教师为主体、学生为客体的局面，教师过多地讲授，学生习惯性地听从教师解说，学生的学习自主性受到压制，不能激发学生的学习兴趣。位置靠前和中间的学生，由于他们离教师的距离较近，因此教师对他们的关注和期待更多，他们与教师的交流互动更频繁，使他们参与课堂活动次数更多，更容易在教师的监督下用心学习。而坐在后排与靠墙的学生，由于他们与教师的距离较远，很少能够引起教师的注意，因而他们与教师的交流较少，易产生消极的学习心理。小学语文课堂长期固定的"秧田式"座位编排，易造成师生之间互动空间有限、互动频率不等，致使部分学生很少，甚至不能参与到语文学习中来。因此，小学语文生态课堂要遵循耐度定律，适度地调整座位形式，为学生提供良好的互动空间。

（二）忽视生态位原理，师生关系不融洽

生态位原理是指某一物种在生物群落中占据的位置。任何物种都在生物群落中占据特定的位置，履行一定的角色，每一物种都有其特定的功能，维持整体的完整和稳定。在小学语文课堂中，教师和学生处于不同的生态位，在课堂上发挥着不同的作用。小学语文课堂中生态主体关系不太融洽，主要表现在以下两个方面。

1.师生关系欠和睦，易产生情感疏远

师生之间平等融洽的关系是维持课堂生态稳定的前提，然而在当前的小学语文课堂中，由于教师忽视学生的生态位，未能正确认识学生在课堂中扮演的角色，

易造成师生关系不太和谐。这种不太融洽的师生关系，易使教师处于掌控的地位，学生处于消极被动的地位，师生地位不平等，教师言论成为权威，学生不敢发表自己的见解，束缚学生的思维，不利于培养学生思考问题的能力，师生之间的情感也会在这种不太和谐的状态中疏远，学生不太愿意与教师交流，使课堂变得沉闷乏味，缺乏活力。因此，教师要关注学生的生态位，尊重学生在课堂上的地位和价值，还学生自主权和话语权，以平等的姿态与学生自由、开放地交谈，营造良好的学习氛围，形成有效教学，促进小学语文课堂生态良性发展。

2. 生生关系欠协调，不良竞争时有发生

共生是指两种生物或两种中的一种，由于不能独立生存而共同生活在一起，或一种生活于另一种体内，互相依赖，互相获得一定利益的现象。共生，分为互利共生和偏利共生。互利共生是指不同的生物体之间存在相互促进的关系；偏利共生是指不同生物体的共生关系只对其中一方起到促进作用。生生关系既体现互利共生又体现偏利共生，然而在当前小学语文课堂中存在过多偏利共生的现象，生生之间由于存在学业竞争的压力，故而导致双方在课堂上不能友好地交流自己的学习经验和感受，合作学习能力不足。长此以往，生生关系不太协调，不良竞争时有发生，易产生学生孤立学习的现象。因而，学生也要明确自身的生态位，树立正确的学习观，学会通过合作学习提升学习效果，增进学生之间的理解和信任，建立良好的生生关系。

（三）忽视多样性原理，影响课堂生态稳定

生物多样性是指地球上存在着多种多样的生物类型，它们互相依赖又互相制约，使自然生态和食物链保持动态平衡和稳定，各种生物得以在不断变化的环境中生存和发展。生物多样性是地球上各种生物赖以长期存在、繁衍昌盛的基础、社会财富的源泉。小学语文课堂是一个微观的生态系统，由众多的生态因子构成，这些生态因子之间相互联系、相互作用，形成一个生态复合体。然而，当前的小学语文课堂却忽视多样性原理，教学内容比较片面、教学评价不够系统，影响语文课堂生态的稳定。

1. 教学内容片面

在教学内容方面，小学语文课堂过于注重文本内容，却忽视语文教学与学生生活经验的联系。教师以教材知识为本，只要求学生掌握现成的知识，却忽视学生对所学知识的理解和感悟。教师只关注课内知识，却忽视在课外实践的基础上

生成新知识，因而语文教学内容与学生生活世界脱离，导致学生只会随着教师的步伐盲目学习，无法体验生活化的语文。小学语文课堂教学内容比较片面，不利于丰富学生的知识面，也不利于开拓其思维，难以满足学生的求知欲望。因此，小学语文教师要遵循多样性原理，丰富语文的学习内容，把语文教学与学生生活相关的知识联系起来，让学生带着情感学习，把课内外语文资源相结合，提升学生的语文学习能力。

2. 教学评价不够系统

当前，小学语文课堂教学评价不够系统，对学生学习效果的评价以教师评价为主，常用考试作为评价手段。评价方式单一，易导致评价结果以教师判断为中心，忽视学生主体的真实感受；评价内容过于注重学生认知方面，而忽视学生情感和态度方面，不利于学生形成良好的品性；只关注学生学习的结果，忽视学习的过程，易让学生形成应试学习心理，体会不到学习的乐趣，在一定程度上阻碍学生获得进步。对教师教学能力的评价，也只是以教师平时参加教学比赛的成绩以及学生的学习成绩为依据，忽视综合其他方面对教师进行全面评价，不利于促进教师专业能力的提高。因此，为了改变当前的现状，教学评价应遵循多样性原则，形成多元评价主体、多维评价内容和多种评价方式相结合的系统的评价体系。

（四）忽视场效应，难以激发学生的学习动机

场效应又称为场理论，是德国心理学家勒温借用物理学的磁场概念，把人的过去、现在形成的内在需求看成是内在的心理力场，把外界环境因素看成是外在的心理力场。人的心理活动，是现实生活空间的内在心理力场与外在心理力场相互作用影响的结果。将理论应用于教育教学中，能有效地调节学生的学习行为。然而，当前的小学语文课堂忽视场理论，语文教学情境创设缺失，语文情感场被忽略，这些导致难以激发学生的学习动机。

1. 语文教学情境创设缺失

在小学语文课堂中，要吸引学生的注意力，激发学生学习语文的兴趣，不可能通过控制学生的内心活动，只能通过调节控制外部环境因素营造语文教学情境，激发学生内心的求知欲望。然而，在当前的小学语文课堂中，教师不太注重创设语文学习的情境场，学生因此不能产生积极的情绪体验。在整节语文课堂中，教师主要以教材和教案为主，不太注重小学生想象力丰富的特点，没有创设生动的情境，难以让学生融入其中。这样的课堂，必然不能满足学生内心的需求，激发不了学生

的学习动机。因此，教师要灵活运用各种教学用具，创设能激发学生学习的情境，这样学生才能进入最佳状态，更好地理解文本内涵，享受语文学习的过程。

2. 语文情感被忽略

小学语文课堂是蕴含丰富情感的课堂。然而，当前小学语文教师在教学过程中，更注重学生智力的发展，而忽视对学生情感的培养。在阅读课文时，学生缺乏自主感受和体验，教师以讲授为主，语文情感被忽视，学生缺乏学习积极性。浓郁的情感能调动学生积极的情绪，激活学生的思维，丰富学生的体验，进而提高课堂教学效果，因而小学语文教师要充分利用情感的熏陶感染作用，营造良好的课堂教学气氛。

在小学语文课堂上，教师可以用富有情感的导语吸引学生的注意力，为学生融入课堂学习奠定情感基础。在阅读课文时，教师应引导学生自主感受课文中生动的形象和优美的语言，体会文中表达的思想情感。教师要做到语言传情、教态传情、设疑传情、设境传情，让学生乐于学习，促进学生认知与情感同步发展。

（五）教学局限于"局部生境效应"

花盆效应，又称为局部生境效应，是指花盆是一个半人工、半自然的小环境。一方面，在空间上有很大的局限性；另一方面，由于人为地创造出非常适宜的环境条件，长在其中的生命对于生态因子的适应值在下降，一旦离开人的精心照料，就经不起风吹雨打。当前，小学语文课堂是一个小生境，学生在教师已设计的教案和程式化的教学过程中接受知识，自主学习能力不足，易产生"花盆效应"，具体表现在以下两个方面。

1. 教师的教学观念陈旧

在当前的小学语文课堂中，教师充当知识的传授者，学生是知识的接受者，教师在课堂上处于主导地位，学生习惯性地遵循教师的指导。教学就是教师对学生单向的培养活动，一切以教为中心，学围绕着教转。由于教师仍受传统教学的影响，在小学语文课堂上，教师偏重于让学生记忆背诵所学知识，忽视让学生进行独立思考及理解运用，学生按照教师预设的教学方案学习，致使学生学习语文的自主性缺失，学生难以展现自身独特的个性和智慧，语文课堂缺乏活力。因此，教师要更新教学观，认识到语文教学不仅要关注教师的教，还要关注学生的学。教师是学生学习的有效促进者，适当地放手让学生自主学习，才能让他们掌握学习方法，学会学习。

2.学生的主体意识淡薄

在当前的小学语文课堂中，由于学生的主体意识淡薄，经常能听见他们齐声回答一致答案，很少有不同见解的现象。学生主要依赖教师进行讲解，遇到不懂的问题不敢提出来，把教师的指导视为权威，只会记住教师要求记住的知识，自己不积极思考，不善于质疑，从而形成思维惰性，易使自己成为只是接受知识的容器。只会积累不会运用，只重视学习结果，而忽视学习过程。当学生学习新的知识时，不会运用之前已有的经验去学习，还需要教师按照原来的方式逐步引导，未能充分发挥自身的能动性，学生的自主学习能力得不到提升。因此，要避免"花盆效应"，学生应当明确自身的主体地位，端正学习态度，改变不良的学习习惯。在课堂上，要学会独立思考，不要过于注重答案，要运用自己的方式分析问题，当心中有疑惑时，要大胆向教师请教，这样才能提高学习能力，实现自主发展。

第三节　小学语文课堂教学的策略

一、构建良好的语文教学环境

教学环境是小学语文生态课堂的重要组成部分。良好的课堂生态环境，应具有舒适、自由、和谐的特点。合理布局各种环境要素，有利于学生身心发展达到最佳状态，使师生保持良好的情感，形成小学语文课堂所需要的教学情境，对师生起到潜移默化的影响。

（一）创设舒适、自由的学习氛围

小学语文生态课堂环境包括物质环境和精神环境。在课堂物质环境方面，从整体上要求教室要有足够的空间、合适的光线和照明、适宜的温度、适当的色彩、噪声干扰小，还要有适度的班级规模和合理的座位安排。例如，当前小学语文课堂班级规模过大、教室空间拥挤，影响学生的学习兴趣和学习效果，因而要适当减小班级规模，扩大学生个人的活动空间，使师生之间有相对均等的交流机会，学生的学习积极性才会提高。

另外，在座位编排上，教师要根据教学内容特点和以促进学生发展为本，灵活地进行座位安排。传统的"秧田式"座位适合教师讲授，有利于发挥教师的主导作用，但不利于形成良好的互动关系。教师可以恰当地选用扇形、圆形、小组式等座位排列方式。例如，扇形排列，能给每个学生提供相等的机会参与课堂，克服教师对学生影响不均等的缺点；圆形排列，能促进师生及生生之间平等交流，适合于小学语文课堂讨论式教学；小组式排列，有利于培养学生合作学习的能力，增进学生之间的情感，适合小学语文探究式教学。

课堂精神环境包括班风、班纪、班级文化和人际环境等，对形成良好的语文学习气氛有重要的作用。例如，树立良好的班风，能让学生有明确的学习目标，激发学生强烈的学习动机，促进学生之间互助学习，师生之间教学相长；制定民主的班纪，有利于规范学生的不良行为习惯，维护班级秩序；教室设置图书角，设计个性黑板报等形成独特的班级文化，净化学生的心灵；教师的教学热情、学生愉快的学习心境，会影响教学效果。因此，课堂物质环境和精神环境要统一，共同作用于小学语文课堂教学，营造良好的学习氛围。

（二）注重教学用具的丰富多样

小学语文教材中的文本内容生动形象，小学生以直观、形象的思维为主。教师要依据教学内容的特点以及小学生思维能力的特点，灵活运用各种教学用具，为学生营造生动的语文教学情境，把抽象的语言文字形象化，让学生感受体验课文描写的画面，激发学生内心的情感，促进学生更深入地理解文本内容。

教师可以用音乐渲染情境，适当地播放与课文内容相近的音乐，能刺激学生的听觉，唤起学生的情感共鸣，感受作品渗透的思想情感。例如，《伯牙绝弦》描写了俞伯牙和钟子期之间深厚的友谊，是千古传诵的至交典范。在教学前，可播放《高山流水》曲，先让学生静静地聆听欣赏，然后教师可由音乐引出本课的主题，进而拉近学生与文本的距离。

教师还可以用图画展示情境。小学生习惯通过直观的事物了解周围的世界，教师要恰当地运用图画教学。形象的画面能调动学生的好奇心，激发学生的想象力。以《爬山虎的脚》为例，为了让学生更好地了解爬山虎，教师可以准备一幅爬山虎的挂图，让学生细心观察爬山虎的叶子、脚的位置、形状、特点等，并把图画与文本结合，引导学生想象爬山虎是怎样爬的。课文内容通过图画呈现出来，更容易让小学生接受并理解。

教师还可以用实物展现情境，实物包括真实的原型实物和模拟的替代实物。以《画阳桃》为例，有些学生对阳桃并不熟悉，那么教师可以准备几个阳桃，让学生先仔细观察再写生，看看处在不同位置的学生画出的阳桃是怎样的。这样为学生创设自主体验的情境，使学生切身领会到课文所表达的从不同角度看同一事物会有不同的结果的思想。

此外，教师还可以用多媒体丰富情境。教师要充分利用多媒体图文、"声像并茂"的特点，为小学语文课堂营造某种气氛，调动学生的视听觉器官，引导学生融入情境。例如，《小桥流水人家》主要描绘了家乡小桥流水的美景及家乡人民的幸福生活。在导入时，教师可以运用多媒体播放江南水乡的各种图片，配以轻音乐《小桥流水》，让学生在动听的音乐中对小桥流水有初步的感性认识，为学生的进一步学习课文作一个良好的铺垫。

二、建立民主平等的师生关系

教师和学生是小学语文生态课堂的生态主体。师生关系、生生关系，是其中重要的人际关系。小学语文生态课堂是能焕发学生生命活力的课堂，是能促进师生共同发展的课堂，而要形成这样的课堂，必须构建和谐的人际关系，为师生创设一个融洽和睦、情理交融、心灵互动的情感环境奠定基础。

（一）理解和尊重学生

良好的师生关系是推动小学语文生态课堂稳定的重要因素。虽然师生各自在生态系统中的位置和作用不同，但是两者是同等重要的课堂生态主体，师生的人格、地位、价值等都是平等的。为了拉近彼此的心灵距离，形成积极的情感氛围，进而实现和谐共生、共同发展。首先教师要理解和尊重学生，课堂上不要一味地以讲授式教学，要在对话中引导学生独立发现问题，在共同讨论中解决问题，教师要学会倾听学生的见解，学会站在学生的视角看待问题，体会学生的感受，与其产生共鸣，增强学生的自信心，促使他们积极参与课堂。教师要以平等的观念对待学生，课堂上多与学生互动，要给每个学生相对均等的发言机会，让学生做学习的主人，充分激发学生自主学习的积极性，使其获得成功的学习体验。教师要善于用积极的言语赞美学生，每个学生都渴望得到教师的表扬，当教师的语言、动作、表情和眼神传达出对学生的赞赏和鼓励时，学生便会有一股振奋的力量，进而学习情绪高涨、学习兴趣提高。总之，小学语文生态课堂建立在平等、和谐的师生关系基础上，维持课堂生态稳定。

（二）注重合作交流

在小学语文课堂中，要建立和谐的人际关系，除了师生之间需要良好互动，还需要生生之间的友好交流。学生是课堂生态系统中最活跃的生态因子，他们的良好关系会对课堂生态产生积极的影响，有利于课堂生态的健康发展。建立友好的生生关系，这需要学生和教师共同努力。

首先，学生要树立正确的学习观，乐于与同学交流，学会合作学习。由于学生的学习能力、态度和习惯等不同，因而在学习结果上存在差异。部分学生竞争意识过强，不愿与同学交流，易产生不良的生生关系。因此，要改善学生之间的关系，需要学生认识到与同学之间的合作互助学习能促使共同进步，有共同目标的合作学习可使自己的思维活跃，通过互相沟通，吸收彼此有用的见解，实现知识互补，并且合作学习能增进同学间了解和信任，拉近彼此间的距离。

其次，教师要为形成友好的生生关系创设条件。例如，通过小组合作交流，让学生以小组为单位，在课堂上主动与同学探究问题，鼓励每个学生积极参与到其中，发挥他们的主动性和创造性，促进学生之间友好合作。教师可以让学生围绕某个问题，让其与同桌进行交流对话，增进同桌之间的互助学习氛围。教师还可根据教学具备的内容特点，让学生用表演和对话展现教学内容，让扮演不同角色的学生，在一定的教学情境中相互交流。

【教学案例】《新型玻璃》教学片段

师：现在分的五个小组代表五个玻璃厂，请各组同学先相互交流怎样介绍自己厂内的新产品，然后我们组织一次产品新闻发布会，由各组代表上台介绍。由教师和学生当记者，现在开始准备。

（各组学生积极讨论后，发布会开始）

生1：大家好！我是创新玻璃厂的厂长。近段时间，我们厂研制出了一种新型的玻璃"吸热玻璃"，你们看看我手中的产品。（拿出一面小镜子让学生观看、触摸）从大家的表情中可以知道，你们还是很满意这种玻璃的，这种玻璃质地优良，很实用，价格又实惠，欢迎大家来购买。

生2：我是《生活日报》的记者，请问"吸热玻璃"有什么特点？

生1：它能够吸热，阻挡冷空气。

生3：请说具体点。

生 1：这种玻璃很特别。在炎热的夏天，它能够吸收室外的强光；在寒冷的冬天，它能把冷空气挡在室外。

生 4：这种玻璃的主要作用是什么？

生 1：它的主要作用是使室内冬暖夏凉。

师：我是《光明学报》的记者，请问厂长，你们厂内将来还想开发什么新产品？

生 1：这个问题可由我的几位员工代表来回答。

生 5：我们想开发一种"防尘玻璃"，室内用上这种玻璃便可减少灰尘，有利于人们的健康。

生 6：我们还想开发一种"防碎玻璃"，这种玻璃遭受强烈的撞击不会破碎、只会变形，并且受热后会恢复原状，这样不会危害人们的人身安全。

（发布会开得有声有色，课堂气氛活跃）

这个案例体现了在小学语文生态课堂中，师生、生生之间平等友好的关系。教师把学习的主动权还给学生，让学生先合作交流，交流完后以新闻发布会的形式给予学生充分表现自己的机会，让学生成为语文课堂的主人。全班学生都积极准备、全身心投入，主体性参与很高。学生在轻松愉悦的课堂气氛中，无拘无束地表达自己的想法，而教师也以平等的身份参与其中，不仅拉近了师生之间的距离，也激发了学生的创新性思维。课堂呈现出师生合作、生生合作、平等交流的和谐局面，使学生在问答中活跃思维，在对话讨论中提高语言表达能力。

三、丰富语文教学内容

丰富的教学内容是构成小学语文生态课堂的重要因素，因而小学语文教师可以通过融生活于教学，引发情感共鸣；结合文本内容，渗透人文教育和树立大语文思想，拓展学习资源的方式，丰富所学内容。

（一）融生活于教学，引发情感共鸣

生活是语文课堂的源头活水，小学语文生态课堂的教学内容并不局限于教科书，而是以课本内容为基础，延伸到学生生活的各个领域，拓展教学资源，实现语文教学内容生活化。著名的教育家叶圣陶提出"生活即教育"，即生活中充满各种具有教育意义的资源，教师要结合生活进行教学。小学语文课本内容与自然、社会生活更贴近，因此学习课文时要尽量联系生活实际来帮助学生理解和感悟。教师要善于把学生鲜活的生活体验引入课堂，并与所学的文本内容相结合。在解

读文本的过程中，引导学生回想类似的生活经历，使学生产生强烈的情感共鸣，这样的小学语文课堂才能更加贴近学生生活，走进学生心灵，激活学生的学习热情，从而更深刻地感受丰富的课文语言、情感、人物形象等，领会课文中蕴含的真正意蕴。教师把语文与学生充满生命体验的生活相融，使小学语文生态课堂变成展示学生生活的多彩舞台，调动学生的学习兴趣，促进学生的语言和精神世界的共同成长。

【教学案例】《纸船和风筝》教学片段

师：就这样，纸船和风筝使小熊和小松鼠成了好朋友。可是有一天，他们为了点小事吵了架，吵架之后，他们各自的心情怎样呢？请大家自由朗读这部分内容，边读边体会你有什么感受。

（生自由读）

师：我要去采访小熊，"小熊，自从你与小松鼠吵架之后心情怎样？"

生1：我很后悔，要是不跟他吵架就好了，我想放风筝与他和好，又怕他不理我。

师：我再去采访小松鼠，"小松鼠，你现在的心情怎样？"

生2：我很伤心，我每天都折一只纸船给小熊，但又不好意思放入小溪，只好把他放在屋顶。

师：过了几天，松鼠再也受不了了，于是他把一只纸船放入了小溪，纸船上写着什么呢？

生3：如果你愿意和好，就放一只风筝吧。

（师扮小熊，生扮松鼠）

师：我非常愿意，其实我也很后悔，亲爱的松鼠，我知道你把纸船放入小溪，同学们知道代表着什么吗？

生4：代表着友好。

生5：代表着快乐。

生6：代表着幸福。

师：我也会把这只充满幸福、友好的风筝放到山顶，希望你能看到。

（师指导朗读第十一节）

师：终于，小松鼠在山顶看到了一只漂亮的风筝。

师：同学们，学到这儿，你有什么话想对他们说呢？

生7：我想对小熊说："你应该学会宽容，才会有更多的好朋友。"

生 8：我想对小松鼠说："你能主动与朋友和好，真了不起。"

生 9：我想对小熊说："不要为小事而吵架，要珍惜你们的友谊。"

师：我相信他们听了你们的话后，心里会有很大的感触。那么，在现实生活中，你们有没有和别人吵过架？现在，你又有什么想法呢？

生 10：前几天我与一个同学吵架了，现在很后悔，我想主动与他和好。

生 11：我想买个小礼物送给朋友，表达我的歉意。

生 12：我想折一只纸船，上面写上我的心里话，希望朋友能原谅我。

生 13：我想主动找朋友和好，希望他能再和我做朋友。

师：老师真诚地希望你们能和好，也希望你们珍惜身边的宝贵友谊，希望你们能交到更多的朋友。

在案例中，教师注重把课本内容与学生生活相联系，把学生融入充满友情的生活世界中，让学生置身于充满生活气息的情境中。学生带着自己的生活感悟理解文本内容，拉近了学生与文本的距离。在教学中，教师让学生联系自己生活中与别人争吵的事情谈谈自己现在的想法。这一环节紧扣文章内容，而且延伸到学生生活中，能引发学生的情感共鸣，让学生表达自己的真情实感，从而使他们懂得在生活中要关爱伙伴、珍惜友情的道理，有利于学生个性品质的健康发展。

（二）结合文本内容，渗透人文教育

小学阶段是进行人文教育的关键时期，小学语文在培养学生的人文精神上发挥了重大的作用，而小学语文生态课堂并不只是单一传授课本内容的课堂，而是在传授知识的同时渗透人文教育，让学生在潜移默化中受到文学感染、完善人格、陶冶性情，养成良好的审美情趣，确立正确的价值观，形成积极的人生态度。在小学语文教材中，包含着许多文质兼美的文章，这些文章具有丰富的思想内容，蕴含着深刻的人文内涵。例如，热爱祖国、赞美山川、珍惜友谊、感恩母爱、爱护亲人、学习优秀品质、发扬传统文化等。为了把文本内容与人文教育结合，在教学前教师要准确、深入地解读文章，仔细咀嚼、揣摩、品味文章的语言文字，体会作者的深厚情感，这样才能更好地引导学生感受文章渗透的人文思想。同时，教师要尊重学生的自主体验，让学生通过自主阅读体会文本内容深刻意蕴，感受文本的真情实感，从而进一步感悟到文本的人文内涵。因而，小学语文生态课堂要把人文教育渗透到教学内容中，需要小学语文教师细心挖掘语文文本的人文思想、人文情感和人文精神，使学生在充满人文性的课堂中受到熏陶，形成良好的品性。

【教学案例】《她是我的朋友》教学片段

师：读完这篇文章后，你觉得阮恒是个什么样的人？

生1：我觉得他是个有爱心的小男孩，因为他不顾自己的疼痛为小姑娘献血。

生2：我觉得他很勇敢，因为即使他觉得自己献血会死，但还是愿意那样做。

生3：我觉得他很有同情心，因为当时小姑娘急需输血不然会有生命危险，阮恒挺身而出主动献血，说明他有同情心。

生4：我觉得他是个重友情的人，因为他与小姑娘都是孤儿，生活在孤儿院，他们一起学习生活许多年产生了深厚的友谊。当小姑娘有困难时，他为了挽救自己的朋友，主动献血，说明他重友情。

生5：我觉得他是个具有舍己救人品质的人，他在朋友危难时能主动提供帮助。

师：阮恒在朋友遇到危难时，能不顾自己的生命主动献血，这种无私奉献的精神是可敬的。那么，你们想对阮恒说什么呢？

生1：阮恒，你真伟大。

生2：阮恒，你真勇敢，你是我学习的好榜样。

生3：你真是个值得信任的好朋友。

生4：你的行为感动了我，我要向你学习。

师：从刚才的发言中，老师很高兴地发现了你们都有不同的收获。从阮恒身上，我们感受到了舍己为人的高贵品质以及他与朋友之间的真挚情感。接下来，请同学们结合自己的生活实际，谈谈自己学完这篇文章后的感想。

生1：我曾经与朋友为了一件小事而吵架，现在觉得自己不应该那样做，以后我要做一个宽容的人，要善待朋友。

生2：我的朋友在我有困难时总是帮助我，他无私的精神让我敬佩，以后我也要多帮助他们，真心对待他们。

生3：我有许多朋友，虽然有时会因为有小矛盾而不开心，但是他们给我带来更多的快乐，今后我要更加珍惜这些朋友，与他们共同成长。

生4：我有时会向朋友发脾气，可过一会儿我们又和好了，现在我明白了要珍惜友情，与朋友和睦相处。

师：听了同学们各自的感想，老师感受到了你们对朋友的珍惜。让我们在今后怀着一颗诚挚的心，把这种美好的感情延续下去吧！

在案例中，教师让学生在读懂课文的基础上，自由说说阮恒这一人物的特点，目的是让学生在自主领会文章内容后，在自由表达中，感受到阮恒的无私奉献的精神，体会到人与人之间深刻的情谊。让学生与阮恒进行对话，能够激发学生内心的真实情感，使学生对阮恒救人的高贵品质产生敬佩之情，同时在潜移默化中懂得了在朋友遇到困难时要尽力帮助自己的朋友。最后，学生结合自己的生活实际述说自己的感想，进一步使学生认识到对待朋友要宽容、真诚和无私等，要珍惜友情。当对方需要帮助时，要挺身相助。教师让学生从课文内容中感受人物的高贵品质，使学生在自主感悟中受到人文思想的感染，净化自身的心灵。

（三）树立大语文思想，拓宽学习资源

为了拓宽学生的学习资源，提升学生的语文能力，教师要树立大语文思想，克服语文课堂的封闭僵化，合理开发生活中蕴含的人文、自然和社会等语文教育资源，并将其恰当地引入课堂，从而丰富学生的思想。教师可以采取以下三种方法，充实小学语文教学内容。

1. 课内外语文相结合

在课外的生活学习中，学生会遇到各种问题或有趣的事情。如果教师把其中一些与语文课堂相关的事件引入课堂，不仅会丰富语文学习内容，而且会调动学生的学习积极性。例如，针对学生的课外活动、学习等经历，进行口语交际和写作的训练；把学生看电视电影、听广播、课外阅读等遇到的问题，引入课堂进行讨论。

2. 注重学科间的相互联系

小学语文与其他学科存在相互依赖的关系。在教学时，教师可以适当地与其他学科相融教学。例如，在学习一年级课文《四季》时，教师可让学生在课前用彩笔画一幅自己喜欢的季节图，课堂上让学生介绍自己画的景色。这样不仅把语文与美术相结合，而且能锻炼学生的动手实践能力，提高学生的语言表达能力。

3. 加强校内外的交流

例如，教师可以带领学生到校外去进行调查、访谈、参观等，在课内可以举行报告会，提升学生的沟通能力，或者让学生充分利用报刊、图书和互联网等途径，搜集与语文课文内容相关的资料，在课内进行相互交流，拓宽学生的知识面。又如，为了让学生更好地认识秋天的特征，一位小学语文教师带领学生到校园内去观察秋天的景色，让学生收集自己喜欢的树叶，并随时接受教师的提问。于是，学生们兴致勃勃地细心挑选着自己心中最特别的树叶。当学生都收集完后，教师让学生回到教室开动脑筋，把捡来的秋叶拼成自己喜欢的图画，这时学生很兴奋

并立刻动起手来，一边想象一边拼着自己构思的画面。十几分钟过去了，学生陆续完成了自己的作品，教师让学生用简单的话语描述自己创作的新图画，顿时许多学生都迫不及待地想介绍自己的作品。"我把树叶拼成了一只金色的蝴蝶，并用长树叶当作草丛，蝴蝶在草丛中飞舞。""我把树叶拼成了一架小飞机，并在旁边画了几朵白云，小飞机在天空中自由地飞着。""我把树叶拼成了一艘小船，并画了几条波浪线当作水的波纹，小船在水上航行。""我把树叶拼成了一条小鱼，并把一片长的叶子分成两半当作水草。"

在案例中，这位小学语文教师充分利用校内资源，开展了一次有意义的教学活动。把课内外语文相结合，丰富了教学内容，拓宽学生的学习空间。教师根据小学生的年龄特点及认知规律，设计了"捡树叶"的环节，让学生在玩中收集自己喜欢的秋叶。学生在寻找的过程中，逐渐了解到秋叶的特点，并感受到秋叶的美，在无形中培养了学生善于观察、发现美的能力。在"拼图画"的环节，教师让学生把捡来的树叶拼成自己想象的图画，学生的积极性很高，每个学生都努力构思自己的作品。这样有利于激活学生的创新思维，开发学生的想象力。最后，教师要学生展示作品并介绍自己的图画，学生踊跃发言，说得有声有色，言语间表达了对秋叶的喜爱，有利于提升学生的语言表达能力。

四、构建开放的语文教学过程

在小学语文生态课堂中，师生以平等的姿态相互交流对话，教师在维护自身主导地位的同时，也尊重学生的主体性，在关注课堂生成、注重学生自主感悟和鼓励质疑探究的基础上，实现开放性教学。

（一）关注生成，尊重个性理解

小学语文生态课堂，实现教学开放的重要条件是关注课堂教学的生成。生成性课堂是教师、学生和文本等多种因素之间互动的过程，它促进学生思维与习惯、知识与技能不断构建，同时也呈现了教师的教学机制，有利于充分发挥师生双方的积极性，使整个课堂充满活力。小学语文课文的丰富性，使课堂教学存在多种可能。每个学生都是独特的生命个体，学生之间的差异，促使课堂呈现丰富多变的特点。因而小学语文教师在教学过程中，不要拘泥于预设的教学方案，而是要根据学生的实际，善于捕捉有效的生成信息，并灵活处理和利用这些资源，形成新的探究点，让学生积极动手、动脑和动口。例如，在小学语文阅读教学中，由于学生对文本的认识不同、所站的角度不同，在同一篇文章中，他们的理解及感受会有差异。在教学过程中，教师不要固守教材上的预设答案，要尊重学生的个性理解，鼓励学生提出与众不同的看法，让学生把自己真实的阅读体验及感受表达出来。

【教学案例】《落花生》教学片段

师：同学们，《落花生》这篇课文让我们感受到了花生默默无闻的精神，那你们想做像花生那样的人，还是像苹果或桃子那样的人呢？

生1：我想做像花生那样的人，因为花生虽然外表不好看，但是很有用，我想做个有用的人。

师：你真是个有志气的好孩子。

生2：我也想做像花生那样的人，因为花生不爱慕虚荣、很朴实，并且总是默默无闻地奉献着，我想成为那样的人。

师：说得真不错。接下来，让我们再来读读父亲赞美花生的这段话，再次感受花生的高尚品质。

生3：老师，我有不同的意见。

（师面带微笑，并让他站起来说）

生3：我想做像苹果那样的人，因为苹果不仅外表好看，而且有许多营养，我想成为一个既讲体面又有内在美的人。

（顿时同学们开始议论起来）

师：你说得也有道理，还有同学同意这种观点吗？

生4：我同意，虽然花生不求名利、无私奉献的品质值得我学习，但是如果一个人既有美丽的外表又有内在美的话，那么他以后的路会走得更顺畅。

生5：我也同意。我觉得人还是要学会打扮自己，如果你随便穿一件衣服去应聘工作，别人会觉得你不重视这份工作，肯定不会招聘你。

生6：我不同意他的观点，认为会打扮就容易得到一份工作。如果一个人打扮得花枝招展，但是什么都不懂，也很难找到一份好工作。

师：同学们，你们说得都很精彩。但是你们要知道本文中的父亲把花生与苹果、石榴和桃子进行比较，并不是说苹果、石榴和桃子没用，而是把这三种果实外露的特点与花生生长在地里的特点进行对比，突出花生不张扬、不喜欢炫耀、默默无闻的精神。这种精神是令人敬佩的，希望你们在生活中能发扬这种精神，成为一个思想高尚的人。

这个案例体现了小学语文生态课堂开放的教学过程，当学生回答的答案与教师的预设不一致时，教师并没有遵循预设，而是给予学生自由表达权，微笑并耐心地倾听着学生的独特看法，表现了教师尊重学生的个性理解。教师充分发挥自身的组织者和引导者的角色，灵活地利用学生不同的见解生成新的话题，让学生充分发挥自身的主动性，积极思考、大胆发言，顿时整个课堂气氛活跃起来了。这样促使学生在激烈的讨论中激发自身的潜能，互相交流自己的新思想，提升自己的语言表达能力。

（二）注重自主感悟，品味文学艺术

小学语文生态课堂，改变了以往课堂教学教师过于注重讲解，忽视学生学习的主动性和创造性的现状，尊重学生自主学习的权利，注重让学生在学习过程中自主感悟，获得学习体验，体现教学的开放性。让学生在主动积极的思维和情感活动中，加深理解和体验，有所感悟和思考，受到情感熏陶，获得思想启迪，享受审美乐趣。教师不再代替学生解读文本，而是在平等对话的氛围中，在尊重学生独特体验的前提下，做适当的点拨引导，使学生能够不脱离文本实际进行创造性解读。在学习过程中，学生潜心阅读教材中的文本，仔细思考并揣摩课文言语的内涵，咀嚼课文言语的韵味，感受课文中流露的情感，领悟文中蕴含的深刻道理等，让学生融入自己的情感品味文学艺术，不仅能激发学生的生命活力，而且能提高学生的语文学习能力。

【教学案例】《荷花》教学片段

师：请同学们白读、自悟第二段，并以小组的形式相互交流自己喜欢的词句。

（学生读后相互交流）

师：谁来说说你喜欢的词句？

生1：我喜欢"白荷花就在这些大圆盘之间冒出来"一句，这句写出了荷花急切长出来的样子。

生2：我觉得"冒"字写出了荷花的与众不同、生机勃勃。

生3：我觉得"冒"字表现了荷花从拥挤的荷叶之间长出来，体现出荷花顽强的生命力。

师：大家都说得很好，这段中还有你喜欢的地方吗？

生4：我喜欢"荷叶挨挨挤挤的，像一个个碧绿的大圆盘"，这个句子用了比喻手法，把荷叶比喻成一个大圆盘。

生 5：我觉得"挨挨挤挤"写出了荷叶长得很密，数量很多。

师：你们理解得真不错。

生 6：我喜欢"有的才展开两三片花瓣；有的花瓣全都展开了……"，写出了荷花开的不同姿态，十分生动形象。

师：说得真好，让我们齐读这句并感受荷花的美。

（生齐读）

师：同学们，你还能想象出荷花会有哪些姿态吗？请用"有的……好像……"的句型说一说。

生 1：有的荷花弯着腰，好像在向水中的小鱼打招呼。

生 2：有的荷花挺得笔直的，好像一个边防的战士。

生 3：有的荷花躲在荷叶丛中，好像一个胆小的小姑娘。

师：哇！荷花有这么多美丽的姿态，难怪作者会如醉如痴，甚至觉得自己仿佛就是一朵荷花。接下来，让我们齐读第三段，看看作者又想到了哪些画面呢？

（齐读）

师：下面请四名学生分别扮演"荷花""风儿""蜻蜓""小鱼"，把这段中描述的情境表演出来，可以加入自己的语言、动作和神态等。

生 1（风轻轻吹动）：荷花姐姐，你的舞蹈真好看！我真羡慕你！（荷花：谢谢。）

生 2（小鱼慢慢游过）：美丽的荷花，我昨天做了个梦，梦见我自己也变成了一朵荷花。

生 3（荷花笑了笑）：呵呵！要是这个梦是真的该多好哇，我又有一个好姐妹了。

生 4（蜻蜓挥动翅膀）：荷花姐姐，我每天清早到这儿运动，每次看到你们就会很快乐。

在案例中，教师把学习的主动权交给学生，给学生提供自主学习的空间和自由，以自读、自悟的方式让学生品味文章的词句。课堂上的教学气氛和谐融洽，教师尊重学生的阅读感受，让学生畅所欲言，学生大胆地把自己的感悟体会表达出来，教师让学生自由想象荷花的各种美丽姿态以及以表演的方式，呈现自主领悟的文本情境，进一步发挥学生的主体性，满足了学生自我实现的心理需要，使其体验到语文学习的乐趣，这充分体现了小学语文生态课堂开放的教学过程。

（三）鼓励学生质疑探究，激活思维

小学语文生态课堂十分重视学生质疑探究的能力，这也是形成开放教学的重要因素。自主质疑体现了尊重学生的主体地位，自主探究可让学生在实践中自己解决问题。陶行知在教学中主张"一是解放他的头脑，使他能想；二是解放他的双手，使他能干；三是解放他的眼睛，使他能看；四是解放他的嘴，使他能谈；五是解放他的空间，使他能到大自然、大社会里取得更丰富的学问；六是解放他的时间，不把他的功课表填满，不逼迫他赶考，不和家长联合起来在功课上夹攻，要给他一些空闲的时间消化所学，并且学一点他自己渴望要学的学问，干一点他自己高兴干的事情"。因而，小学语文教师应根据小学生对世界充满好奇、好问的特点，充分利用语文课堂，积极鼓励学生自主质疑，善于发现，勇于探究。这样才能激发学生的求知欲，促进其主动参与学习，培养学生发现问题和解决问题的能力，激活学生的思维，促进学生主动发展。

【教学案例】《乌鸦喝水》教学片段

师：乌鸦想出什么办法才喝到水的呢？

生1：它看见旁边有小石子，就把小石子一个一个放入瓶中，水渐渐升高就喝到水了。

师：乌鸦好聪明啊，能想出这样一个好办法。

（突然一个学生举手）

生2：老师，把小石子放入瓶中，水真的会慢慢升高吗？

师：这个问题提得好，现在就请你上台给大家演示一下吧。

（教师把装了少许水的瓶子和几块小石子放在讲台上，示意让学生把小石子一个一个放入瓶中）

师：请同学们仔细看看瓶中的水会有哪些变化？

生3：水上升了。

师：是很快上升了吗？

生4：是慢慢地上升。

生5：是一点一点地上升。

师：大家观察得很仔细，石子一个一个地放入瓶中，水随着石子的增多同时也在渐渐地升高。

生6：老师，为什么放入小石子，水就会渐渐地升高？

师：你真是个会抓住问题的孩子，谁愿意帮助他解答这个问题？

生 7：因为把石子放入水中，于是就沉到水下去了，水就上升了。

生 8：因为有许多小石子放进去，水就上升了。

生 9：因为石子沉入水底，把水的位置占了，水就被挤上来了。

师：你真会开动脑筋，说得真好。正是因为这样，乌鸦才能喝到水。

在案例中，面对学生的疑问，教师并没有采取回避的态度，而是尊重低年级学生好奇心强、爱提问的特点，让他们大胆质疑，提出问题。面对学生的疑惑，教师让学生亲自上台做实验，为学生提供自主探究的机会，学生在实践、观察、思考和交流的过程中解决了问题，充分发挥了自主性，教师成为学生解疑释疑的引导者。正是教师鼓励学生自主质疑探究，学生才会积极思考，开动脑筋，敢问敢做，有利于培养学生的问题意识，激活思维。通过创设情境，让学生主动探究，引导学生观察水的变化，不但使学生深入地理解了课文内容，而且有利于培养学生的观察能力，体现了小学语文生态课堂开放性、自主性。

五、建立多元教学评价体系

教学评价是小学语文课堂生态系统的重要组成部分。传统的教学评价过于注重教师评价，以考试的方式考查学生的学习效果，以公开课的形式评价教师的教学能力，这些评价具有一定局限性，不能全面反映教师的教和学生的学。小学语文生态课堂作为一个微观系统，在评价主体、评价内容和评价方式上，应该多样化，形成多元的语文课堂教学评价体系，推动师生共同发展。

（一）评价主体多元化

教师和学生是小学语文生态课堂的生态主体。以往的评价结果主要依据教师的判断为标准，往往忽视了学生这一重要的评价主体，因而存在片面性。小学语文生态课堂遵循民主公正的原则，尊重每一个生命个体的存在价值，注重从整体性和全面性的角度出发，主张评价主体多元化，以有效综合多元主体的建议去改进课堂教学。学生是小学语文课堂的主要参与者和体验者，教师应该尊重学生的主体性，给予学生话语权，发挥学生的主动性，让他们一同参与教学评价。教师要善于倾听学生的真实感受和想法，针对其提出的意见改进教学设计，优化课堂教学方式，实现小学语文课堂切合学生的实际需求和发展。另外，可以广泛吸收懂得语文教学规律的不同层次的人员参加教学评价，听取不同主体的评价信息作为参考，使教师的教学能力不断得到提高。

（二）评价内容多面化

小学语文生态课堂是能够促进师生共同发展的课堂，教学评价的对象主要是教师和学生。由于师生各自的发展具有多元性，因而评价内容应呈现多面性特点。对教师的评价，不要只凭教师所教班级的平均分以及公开课的表现，判定其教学水平的高低，要从多方面对教师进行评价，如从教学观念、教学态度、敬业精神、教学总结、业务学习、听课记录和教育科研等方面进行评价，这样才能全面了解教师各方面的能力素质，有利于教师针对自身不足进行有效改进，从而提升自身的教学水平，促进教师专业能力的发展。对学生的评价，不要以考试分数高低作为衡量学生学习能力高低的标准，要关注学生的全面发展，把知识的积累、学习能力、学习方法、学习态度和个人的价值观等，作为评价的内容，从多个角度对学生进行全面综合的评价，促进学生在知、情、意、行等方面的协调发展。

（三）评价方式多样

小学语文生态课堂主张评价方式多样，适应了生态主体发展多元化的特点，符合生态化教学理念的要求。在评价教师的教和学生的学的效果上，可以采用教师评价、学生评价、师生互评和生生互评等多种方式评价课堂教学。同时，要把总结性评价与形成性评价相结合，要特别注重形成性评价。例如，用观察法对学生的听、说、读、写能力进行评价，教师在课堂上尽量让学生多表现自己，让学生多参与课堂活动，教师要注意观察学生学习状态并做相应的评价；用成长记录的方法评价学生的学习过程，根据学生平时的学习表现、学生的个人小结与反思、学生的作业、师生的评价、家长的评价等，收集学生的信息进行全面评价。另外，定性评价与定量评价相结合，更要强调定性评价。例如，教师在了解学生已有的认知水平、学习态度和测验结果的基础上，客观评价学生的优势和不足，并提出建议。评价方式的多样性，有利于全面了解教师的教和学生的学习状况，完善课堂教学，有效促进师生共同发展。

第五章　小学语文识字与写字教学实践

第一节　小学语文识字教学原则

一、多认少写

从儿童生理发展的角度看，低年级是儿童识记汉字的黄金时期（儿童识字能力的强弱存在年龄差异，一年级学生识记汉字的能力最强，之后逐年下降），在这个阶段要求他们"认识"汉字是比较容易的。但是，这一年龄段的儿童由于手部肌肉和神经发育不够完善，写起字来比较费劲。要求他们把所有"认识"的汉字都同时做到会写会用，无疑加重了低年级学生的学习负担，在一定程度上会限制儿童学习汉字的数量。

我们都知道，尽早大量阅读是发展语言最重要、最有效的途径。识字是阅读的基础，没有一定的识字量，是无法顺利进行阅读活动的。"识写同步"的策略，要求所有学过的汉字都要达到会认会写，影响了儿童学习汉字的数量，既不能满足儿童阅读、写作的欲望，也不能适应语文教学进度的要求。而"多认少写"的策略由于符合儿童生理发展的特点，能够帮助儿童在识记汉字的黄金时期接触更多的生字，为其较早进入阅读奠定良好的基础，因此，《义务教育语文课程标准（2022 年版）》提出识字教学应坚持"多认少写"的原则。

所谓"多认少写"，就是将识字分成两个阶段来完成：第一阶段是要求认识；第二阶段是要求会写。"认识"的字不一定要求"会写"，认识的字的数量可以超过会写的字的数量。应该说，实施"多认少写"的识字策略，是我国 21 世纪识字教学改革的一个重大举措。

采用"多认少写"识字策略的主要目的是提高识字速度，缩短识字教学时间，从而让学生提前进入阅读，来提高学生的读写能力。因而，我们必须严格按照《义务教育语文课程标准（2022年版）》关于两类字的不同教学要求进行识字教学：要求认识的字，只要求读准字音，大致了解意思，不做书写要求；要求会写的字，要能读准字音，识记字形，写得正确、端正，大致了解意思，并能在口头和书面语言中运用。

二、循序渐进

所谓循序渐进，指的是（学习、工作）按照一定的步骤逐渐深入或提高。它是人类认识一切事物的客观规律，也是开展各项教学活动应遵守的原则之一。识字教学也不例外。但受到识字教学本身特点的影响，在识字教学中，循序渐进除了指学习内容本身的安排从易到难，还包括通过增加复现率逐步实现对汉字的掌握以及在阅读教学中有机渗透识字教学两方面的含义，具体体现为识字教学的课时衔接和年段衔接。

1. 识字教学不仅仅是第一课时的教学任务

课文中的生字什么时候教合适呢？大多数教师把识字当成是第一课时的任务，在第一课时集中完成识字的任务，而第二课时则主要用来阅读。这种做法，看起来是将教学任务相对独立、集中了，教学效果可能会比较好，但是，老师们忽视了一个非常重要的问题——生字的复现率。

认知心理学的研究表明，对于学过的知识，人脑首先会将其存入短时记忆，这个时候的记忆是不稳定的，很容易被遗忘。只有保持一定的复现率，才能由短时记忆转化为比较稳定的长时记忆，在人的头脑中长期保存。如果仅仅将识字教学理解为某一课时（第一课时）的教学任务，学过之后就不问了，那只是完成了让生字进入学生的短时记忆这一步。随着时间的推移，学生可能会将其纳入长时记忆，也可能将其遗忘，这样的识字教学效果是没有保障的。只有在每节课中都渗透识字的教学，才能保证识字教学的效果。

巩固识字最好的办法是复现，就是我们平常所说的"一回生，二回熟，三回四回成朋友"。因此，除了在不同课时复现生字词、帮助学生记忆外，在同一节课中，教师应通过各种教学手段实现生字词的不断复现。下面这个案例正体现了这一点。

在初步学完本课生字之后，教师创设情境，采用学生喜闻乐见的游戏方式多次复现本课的生字，增加学生与生字见面的次数，同时游戏也调动了学生识字的积极性，使学生始终处于兴奋之中，不知不觉掌握了课文中的生字。

另外，教师还把刚学的生字放到新的语言环境——一首小儿歌中，让学生在阅读中巩固识字。因为有了前面和生字的"反复见面"，学生很容易就能在新的语言环境中找到所学的生字，并且记住它们。

2. 注重低、中、高学段间识字教学的延续性

《义务教育语文课程标准（2022 年版）》中指出：识字写字是阅读和写作的基础，是 1—2 年级的教学重点，教师在教学中应充分落实这一要求。但是，课程标准强调识字教学是 1—2 年级的教学重点，并不是说到了中高年级识字教学就不重要了。一定的识字量是学生顺利开展阅读和写作的必要基础。按照课程标准的要求，学生在低年级阶段掌握的汉字（认识常用汉字 1600—1800 个）是远远不能满足阅读和写作需要的。因此，中高年级教师仍要充分重视识字教学，在阅读、写作等语文活动中扩大学生的识字量，提高学生语文学习的能力。

中高年级学生由于经历了两年多的汉字学习，已经具有了一定的识字能力，并且随着年龄的增长，他们的学习能力也逐渐开始向抽象学习过渡。因此，中高年级的识字教学绝不能照搬低年级识字教学的路子，而是要向自主化、系统化、结构化的方向探寻。要通过中高年级的识字教学让学生有更多的机会自主识字，增强其独立识字的能力，让学生能更有效地将新学习的汉字与已有的知识体系建立联系，增强汉字识记的系统化和结构化。正所谓结构化的知识是记忆中储存时间最久的知识，中高年级的识字教学也要通过归类梳理、分类比较等方法，帮助学生形成相互联系的知识体系。

三、集中识字与分散识字相结合

分散识字形成于 20 世纪 60 年代初，也叫"随课文分散识字"。这种识字主张把生字、生词放在特定的语言环境，即具体的一篇篇课文中来感知、理解和掌握。把识字和阅读结合在一起，识字在语境中进行，从而形成了"字不离词，词不离句，句不离文"的教学主张。

在长期的教学实践中，分散识字也呈现了其独有的优势：第一，分散识字将识字寓于具体的课文、具体的语境之中，能无形中调动学生识字的兴趣，同时有利于其识字的巩固。第二，分散识字便于学生对字音、字义的掌握。第三，因为分散识字寓识字于阅读之中，所以在识字的同时可以通过阅读发展学生的智力和

语言。

当然，分散识字也有其局限性。分散识字将识字寓于课文之中，使教学的重点在识字和课文之间频繁转换，在一定程度上容易影响学生对课文整体内涵的掌握。再者，分散识字只能因文定字，所以比较难照顾汉字的繁、易以及它的构字规律。

为此，很多研究者提出将集中识字与分散识字相结合，因循具体的教学实际，包括教材的特点、学生需要、实际教学情况等，恰当选择集中识字或分散识字的方法，提高识字教学效率。需要注意的是，尽量不破坏课文理解的整体性，不打断课文的情感线索是分散识字的重要原则；尽量保证汉字学习与意义理解相结合，避免孤立学习汉字本身是集中识字的重要原则。

四、学用结合

《义务教育语文课程标准（2022 年版）》指出，语文课程致力于培养学生的语言文字运用能力。识字教学要注意儿童心理特点，引导他们利用各种机会主动识字，力求识用结合。结合教学的实际情况，识字教学中对汉字本身的识记，我们是不缺乏成功经验的，而对于如何将识记汉字与运用汉字相结合，如何为学生创设运用汉字的机会，则是需要我们持续探索的。

应该说，汉字表意文字的特点本身决定了汉字的学习本身就是意义的学习，汉字学习的过程就是学生认识事物、理解世界的过程。因此，汉字学习不能脱离运用，而是要尽可能地为学生创设汉字学习的语境（可以是词语、句子，也可以是一个情境），让学生在一定的运用情境中学习汉字，在汉字的运用中学习汉字。

第二节 以"学生为本"的识字教学

传统教学，教师的出发点是"我"，考虑的往往是"我"要如何做才能上好一节课。教学中的每一步应该做什么，甚至每一句话说什么都要事先设计好。按照这个逻辑，那些能够按照自己的想法完成的课就是好课，相反则是不成功的课。但是新课程强调学生是学习的主体，教师在教学中起主导作用，强调教学以学生为本，要从"学生"出发设计教学。

那么，在识字教学中如何实现这一转变，做到以学生为本呢？下面几条经验可为我们提供一些参考，让我们既可以反思自己的教学，又可以学习他人的经验。

一、利用儿童的既有经验

建构主义的观点认为，任何学习都是在原有认知结构基础上进行的同化或者顺应的过程。每个学生都不是一张白纸，他们既有的学习、生活经验都会对学习造成影响。特别是随着我国教育事业的迅速发展，儿童在社会生活中受教育的程度不断提高，学生之间的经验差异也在不断扩大。有研究者曾连续 3 年对学龄前儿童的识字量进行测试，发现儿童学龄前的识字量有不断提高的趋势。而入学儿童识字量的增加，让小学低年级识字教学陷入非常尴尬的境地。对大多数儿童而言，识字教学不能从零起点开始。因为这不仅浪费儿童的智力资源，还会打击他们的学习热情。然而对另一部分学生而言，识字教学又不得不从零起点开始。因为他们的识字量不到 20 个，不从零起点开始，就意味着他们将输在起跑线上。基础教育必须满足这部分儿童应该享受的教育权利，否则对他们不公平。

从长远看，由于学生家庭背景不同和各地区社会经济文化发展的不平衡，儿童在校外受教育的程度始终存在差异，因此生活经验的差异、识字量的差异将长期存在。如何利用好儿童的既有经验，是每一名教育者不得不思考的问题。针对这种情况，《义务教育语文课程标准（2022 年版）》实施建议中指出：识字教学要将儿童熟识的语言因素作为主要材料，同时充分利用儿童的生活经验，注重教授识字方法，力求识用结合。

二、激发学生学习的主动性

《义务教育语文课程标准（2022 年版）》指出，学生是语文学习的主体，语文教学应激发学生的学习兴趣，培养学生自主学习的意识和习惯，要实现"以学生为本"的识字教学，激发学生的学习主动性是必不可少的。

面对学生已经或多或少掌握的学习内容，教师如何开展教学，才能既保证所有学生都达到教学目标，又保证所有学生都积极地参与到学习的过程中呢？

首先，充分预设学生学习起点的差异是激发学生学习主动性的前提。只有针对学生实际情况设计的教学才是学生能接受、乐于参与的教学。如果教师对学生的学习基础完全不知情，那么所设计的教学手段只能停留于表面，难以从学习需要的角度真正激发学生学习的主动性。

其次，分层教学是激发学生学习主动性的重要手段。教师针对教学内容的特点和学生的学习起点可将教学内容分为三层：第一层是大多数学生都掌握的汉字。针对这部分内容，教师将教学的重点集中在学习起点较低的那部分学生，采用教学小助手的方式，调动他们的学习主动性。第二层是学生不太熟悉，在本课中又有一定规律的汉字。教师基于本课生字的特点，进行字理识字。借助"相同部首"，引导学生进行自主识字。在这个过程中，面向全体学生展开教学，同时关注学习起点较低的学生，调动所有学生的学习主动性，完成教学重点的学习。第三层是比较难的生字。教师调动学习起点较高的学生的学习主动性，安排他们作为小教师教其他学生。这样的安排，结合不同的教学内容关注了不同层面学生学习的积极性，使全体学生都能在一个积极的氛围下参与学习。

最后，保护学生的自尊心和求知欲是激发学生学习主动性的基础。教师可采用请小助手、安排小教师等教学方式，使教师了解学生学习起点，同时将分层教学等教学目的都巧妙地隐含在教学活动中。即使是基础最差的学生，也可以成为教师的小助手，整节课都在帮助教师开展教学，最后还得到了教师的肯定。正是由于教师对学生自尊心和求知欲的保护，才使学生的学习兴趣更浓、主动性更强。

三、抓住课堂中的生成点

课堂教学是需要预设的，一定的预设是保证课堂教学效果的前提。但是，课堂教学又不能拘泥于预设，课堂教学的情境决定了它是不断生成的。拘泥于预设，必将忽视学生学习的实际需要，影响学习的效果。因此，教师在进行识字教学时，应随时抓住课堂中的生成点，调整自己的教学预设，构建以学生学习为本的课堂教学。

新课程强调学生是学习的主人，教学应以学生为本。但是在教学实施的过程中，教师常常不自觉地替代了学生，过分发挥了"导"的作用，认为只有这样，才能保证教学的顺利实施，保证教学的效果。

教师常常会说识字教学难，特别是形近字教学难。花了很多时间专门进行形近字比较，学生还是记不住。那么问题出在哪儿呢？我们的教师往往习惯在专门的时间集中解决专门的问题（如集中一两节课解决形近字的问题），但是却忽略了"积小流以成江河，积跬步以至千里"的道理。教育契机蕴含在每一个教育的细节中，如果教师能够从学生的学习需要出发，随时抓住这些可遇而不可求的教育契机，把问题分散到日常的教学中去，那么教学的效果自然会得到提高。不要总是到了教师想解决某些问题的时候才注意到问题的存在。

四、创设识字的语言环境

识字教学不能孤立地进行。特级教师斯霞曾经说过："语言、文字、思想、知识不是孤零零地分别教给儿童的。"在识字教学中，学用结合是开启儿童心扉的好办法。识了字就要用，用多了，用熟了，就能"生巧"。这个"巧"就是智力。从这个意义上说，识字和听说读写应该是一体，不能人为地把它们分割开来。

笔者曾看到这样一个实验：老师请学生交流课外阅读的作品，一位同学拿着一本《水浒传》熟练地向大家介绍。等他介绍完以后，老师马上将"浒"字写在黑板上请他认，不料他大声地读出"xu"。接着老师又在黑板上一起写出了"水浒传"三个字，有趣的现象出现了——他顺利地读出"shui hu zhuàn"。由此可见，学生识字是要以语言环境为依托的，离开了语言环境孤立地进行识字教学，必然是耗时多而收效微。

因此，教师必须把识字与阅读相结合，做到"字不离词，词不离句"，让学生在一定的语境中学习汉字，在语言实践活动中学习汉字，从而达到通过识字帮助阅读，通过阅读促进识字的目的。

传统的识字教学中，教师总是为识字而识字，字一旦"搬家"，学生和它又变成了"陌路人"。因此我们提倡要在一定的语言情境中识字。但是这里要正确理解"一定的语言情境"，不能狭义地将其理解为课文中的上下句。语言情境既应包括课文中的上下文，也应包括由教师创设的新的语言材料。

另外，教师在课堂教学中还可创设一个非常生动的教学情境，通过这个情境，让学生在游戏中、在不知不觉中识记和巩固本课要认的生字。同时，教师还应充分发挥多媒体的作用，通过运用教学小技巧，吸引学生更好地投入课堂活动中去，从而使学生参与识字的主动性得到极大提高。在这个教学过程中，教师并没有压制性地"施教"，学生却能够主动参与其中，积极自我展示。这正是兴趣在识字过程中发挥的重要作用。

五、综合运用多种识字方法

在过去很长一段时间里，"独体字问多少画，合体字问是什么结构"是教师进行识字教学的主流教法，从读字音到分析字形，再到组词、造句、读写是识字教学的一贯流程，而死记硬背则是学生学习汉字的不二法门。一味地被动识字，不仅识字的效率低，而且在一定程度上束缚了学生思维的发展，学习的兴趣也就可想而知了。

近几十年来，广大教师和教育工作者为探求最优的识字教学方法下了很大功夫，做了许多探讨，并先后创造了30多种识字教学方法，如集中识字、分散识字、部件识字、注音识字、字根识字、联想识字、韵语识字、趣味识字、口诀识字、字谜识字、字理识字、计算机辅助识字等。这些识字方法各有所长，也各有所短。教师在教学中应根据学生学习的实际需要，针对每个要学习的生字的特点，综合运用多种识字方法，提高识字教学效率。正如王宁教授在《汉字教学原理与各类教学方法的科学运用》中指出的："没有一种教学方法是适用于教学的各个阶段和各个汉字字符。识字教法的多元化不单是适应学生学习的不同阶段，也是为了应对汉字的复杂情况。我们应当提倡教学方法和教学策略的多元化，因为各种识字法具有各自的价值，并无对立性，属于不同的教学途径和不同的教学切入口，适用于不同的学段，应当取长补短，自觉综合运用。"

综合运用多种识字方法，可以有效提高识字教学的效率。但是，不论选择何种教学方式，都应注意到其与汉字构字原理之间的一致性。汉字不仅是一种语言符号，还承载着中华民族灿烂的文化。在识字过程中要让学生初步领悟汉字的文化内涵，不能只关注识字的数量与速度，还应注重中华文化的传承与熏陶。

当前的识字教学中，许多教师为了增强小学生识字的趣味性，降低识字的难度，经常创编一些儿歌、古诗、字谜等来解说字形。这种方法如果符合字理，就会提高识字效率。但是如果没有充分注意到汉字的表意特点，不能正确地解说汉字的构字原理，那么儿歌、古诗、字谜就会局限在解析笔画符号的范围内，其结果是把汉字教学变成了拆字游戏。特别要指出的是，这些教法还会使汉字形体所承载的大量文化因素不能在识字教学中得到有效利用，会使学生对汉字产生很多不正确的认识，从而影响整个语文学习的效率。

新课程强调培养学生喜欢学习汉字的情感，但忽略了汉字文化性的识字教学，不仅不利于识字教学效率的提高，还会损伤学生对汉字的喜爱之情。比如学习"初"

字，这是一个会意字，"从刀从衣"，表示"用刀剪裁布料是制作衣服的开始"之意，本义是开始。很多教师由于不懂"初"的形义关系，只好反复给学生强调该字是"衤"旁，不要少写了一点成了"礻"旁。苦口婆心，费力费时，结果却是很多学生依旧写错这个字，并且认为学习汉字是很枯燥的事情，对学习汉字失去了兴趣。

在进行识字教学的过程中恰当利用汉字的字理特点，讲清汉字音形义之间的关系，不但可以使学生容易记住"形"，而且还能因"形"加深对"义"的理解，培养学生对汉字所蕴含的传统文化的认同。例如，学习"名"字，可以针对小学生形象性强的心理特点，利用"名"字的文化内涵，像讲一个小故事一样向学生讲清这个字的形义关系："这是一个会意字，'从夕从口'，表示傍晚（夕）光线暗互相看不清，人与人之间只好呼叫（口）名字，本义是人的名字。"从而帮助学生记忆这个字，并使其产生学习汉字的兴趣。

第三节　小学语文识字教学策略

一般而言，教师教完拼音之后，就开始了大规模的识字教学。可以说，识字教学是识写教学的核心部分，是为语文素养提供基础养料的阶段。因此，合适的识字教学策略意义非同小可。

一、教学方法选用的策略

教学目标、教学内容、教学对象与具体的教学情境是制约教学方法选用的几个基本因素，识字教学也不外乎此，但识字教学的特殊性在于教学内容和教学对象的特殊性，因此，下面拟从这两个方面重点展开。

（一）根据教学内容选用教学方法

识字教学的内容是汉字，了解汉字的根本特性，认识每个汉字背后的奥秘，能帮助教师因地制宜的选择教学策略。跟其他文字相比，汉字的根本特性是其表意性。汉字形义之间有紧密而稳定的联系，能够超时代、超方言。超时代确保今人与古人的对话，超方言保证了层面上超地域的沟通。这样，在汉字的帮助下，汉语得以源远流长。

汉字的表意性集中体现为四种造字法。

1. 象形字和指事字

象形字和指事字合称为独体字，过去也叫"纯体字"。清朝文字学家和语文学家王筠曾在《教童子法》中提出："儿童识字，先取象形指事之纯体教之。"说的是，儿童开始识字时，首先要学习独体字。这是为什么呢？

基本原因在于，独体字的构字、构词能力都很强。构字能力强，表现在几乎所有独体字都是偏旁，可直接参与构字，其中有的因构字时十分活跃而被确认为部首，比如"一、二、人、口、手、大、小、日、月、水、火、风、雨、山、石、田、土、木、禾、米、竹、刀、弓、车、舟、耳、目、舌、牙、足、寸、马、牛、鸟、虫、方、门、工、厂"等，就是如此。构词能力强，是指独体字作为语素参与构成新词的活动能力强，有人统计，"一"可构词语达321个，"大"能构390个，"水"可构词语达325个，可见独体字构词能力之强。

我们知道，独体字作为构件组成合体字时，其意义或声音经常得以保留，作为语素构成新词时，体现在新词中的语素义与其本义之间总是有着千丝万缕的联系。为了使独体字的独特作用在汉字学习中得到可持续发展，教学时，应适当提供象形、指事字的表意知识，而适合小学生的方法则为随文释形释义。低年级小学语文教材中的象形字特别多，比如："人、口、手、刀、弓、车、舟、耳、目、山、石、田、土、女、子、首、乌、鸟、燕、鱼、贝、牛、羊、马、兔、象、鹿、虎、毛、羽、网、衣、门、水、火、果、瓜、州"等。指事是在象形字的基础上加上指事符号表意的一种造字方法。比如在"木"的卜部加上指事性的符号构成"本"，表示树根；在"术"的上部加上指事性的符号构成"末"，表示树梢；在"木"的中部加上指事性的符号构成"朱"（即后来的"株"字），表示树干。另外常见的指事字还有"刃、亡、亦、叉、宏、一、二、三、上、下"等。

2. 会意字

会意的字面意思是汇合成意，即把两个或几个象形字或指事字的字形组合在一起，这些字形汇合而成的意义就是该会意字的意义。从会意字的含义可以看出，指明会意字的构字特点后特别容易理解并识记字形，教材编写者往往特别注重这一点，如人教版课标教材第一册《识字二》："日月明，鱼羊鲜，小土尘，小大尖。一火灭，田力男，人不休，手目看。二木林，三木森，二人从，三人众。"

湘教课标版二年级下册《语文园地二》："多、吕、昌、炎、双、朋、羽、林、品、晶、众、森。"小学阶段常见的其他会意字还有："臭、班、武、信、占、名、斌、鸣、吠、炎、林、森、劣、凭、楞、步、春、及、孚、益、北、安、宿、孕、乳、牧、为、取"等。

3. 形声字

形声字占所有汉字的比例最大，在现代汉字中已占到87%以上。其形符表示意义或字义的属类，声符表示该字的读音，用儿歌来表示，就是"形声字，真好记，音形义，有联系，声旁帮着读字音，形旁帮着想字义"（注：从语源学的角度来说，形声字的字音有时有示意的作用，如声符为"至"的"胫""径""颈""经""陉"等字都具备"细长"之义，声符为"戋"的"浅""栈""贱""笺"等字都跟"小"义有关）。了解形声字的构造，不仅有助于教学新字，对于学生以后的自主识字也意义重大。

造字法知识可帮助儿童认识到生字的构字依据，从而采取意义记忆的方法，提高识记效果。所以，我国历史上早就十分重视利用造字法辨识汉字。

早在周代，人们就已经用六书条例来教学生识字了，载于刘韵《七略》的"周礼，古者八岁入小学，保氏教国子先以六书"；清代王筠的《文字蒙求》积极倡导"苟于童蒙时，先令知某为象形，某为指事，而会意字即合此二者以成之，形声字即合此三者以成之，岂非执简御繁之法乎？"学者章太炎也曾主张利用《说文解字》的知识来辅助识字。

当然，利用造字法知识进行小学识字教学，要注意两点：第一，不宜向上追溯至繁体字乃至大小篆、金文、甲骨文的形体再来进行解释，而应该以现行的规范形体作为分析的依据。如讲"春米"的"春"字，不要分解上面的部件为"两只手拿着一个捣米棒"；讲"惊"字，不必恢复到繁体为"驚"，从本义"马受惊吓"到引申义"害怕、担心"，而是直接讲简化后的"形声字，形旁为'心'，声旁为'京'"就可以了。第二，不能胡乱臆测说解文字。如把"婚"解读为"女人昏了头就结婚"，把"穷"解读为"上面穴字表示住处，下面力字表示人，合在一起指人满足于躲在家里只能受穷"之类，都是误导学生，是对文字知识的大不敬。

（二）根据教学对象选用教学方法

识字教学贯穿整个小学阶段，而小学第一学段为识字教学的重点阶段，如果考虑到教学对象特殊性的话，那么初入学的孩童就是我们研究的重点。研究初入学儿童的识字现状，是引导识字教学走向成功的重要一环。下面讲述具体的策略和步骤。

（1）调查所教学生的识字基础。"调查"一词，说出来轻松，操作起来却实在不易，在调查儿童识字基础时，应处理好以下问题：① 注意区别认字与认图。在许多看图识字活动中，有不少孩子其实并不认识汉字，他们记住的是图形，如果把相应汉字单独挪出来，他们就不认识了。② 注意区别认识与按序背诵。儿童的机械记忆能力相当强，三岁孩子可以按照顺序记住几行毫无意义联系的汉字，并且一字不落。因此，调查材料应注意"避熟"，避免因为熟悉而产生的"假认"现象。③ 充分提高调查成效，要顺便考查被测者的语音难点与认字敏感度。④ 因该类调查以面试为主，所以为保证调查可信度，应由被调查对象的一年级语文教师本人直接操作整个调查。

（2）根据调查结果，确定识字重点与难点。一般来说，学龄前儿童就已经掌握了大量的口语词汇，能在语境中明白它们的大致意思，那么，识字教学的任务主要就是要建立好口语词（音、义）与书面词（形）之间的联系，并加以巩固记忆与正确书写。第一步的调查结果可以显示哪些字形是班级内大部分孩子都已经掌握的，对照教材中所有应该掌握的词语表，自觉地使用部件、独体字参与造字的知识，以已掌握字带未掌握字。

（3）针对不同起点，最大限度缩小个体差异。"居山而猎，面水而渔，临路而商"，生活环境决定了人们的生存方式，同样，生活环境也决定性地影响着孩子们的初始识字量，如城乡差别、家庭教育等。具体到某个学校的某个班级，学前教育及孩子的语言资质应该是影响识字量的最大因素。教师要找出识字量偏低的学生背后的具体原因，并对症下药。此外，在日常教学中，要时刻顾及孩子们的客观差异，采用分组互助学习、小老师等方法缩小差异，为孩子的成长及班级教学拓宽路径。

二、教学过程优化的策略

（一）处理教材的策略

教材是课程标准与教学实践的主要中介，可以大致提供（规定）各年级每学期的识字目标与识字内容。但是，这还不是教师所能在课堂上教授的识字目标与具体内容。教师所理解的识字目标与具体内容不是课程标准所规定的硬邦邦的数字，也不完全等同于编进了教材的所有生字，而是以教材为蓝本，以实践为基础，有所取舍和调整的具体的一个个汉字。众所周知，到目前为止，从汉字初次呈现于教材的序列上看，还没有任何一个版本做到了完全科学化与人文化，比如在学习"考"之前就要教"烤"，在学习"察"之前就要教"擦"，"人"字还没有完全巩固，"入"字就立马粉墨登场等等。

如此困境下，教师需要做不少努力才能达成教学目标，比如在全面掌握教材、了解所教学生识字水平的基础上，以每一册教材为单位，调整识字内容与顺序，做到教本、师本与生本的和谐统一。当然，这要花很多时间，动不少脑筋，但唯有这样，学生才能真正受益。换句话说，教师必须具备处理教材的能力，并在实践中总结一些处理教材的策略。

（二）创设情境的策略

新课标在"实施建议"中指出："识字教学要将儿童熟识的语言因素作为主要材料，同时充分利用儿童的生活经验，注重教授识字方法，力求识用结合。运用多种形象直观的教学手段，创设丰富多彩的教学情境。"

1. 直观化识字

脑科学告诉我们，婴幼儿先有右半脑的形象思维，然后才有语言学习，继而才出现左半脑的抽象思维。由此可知，对于学生语言发展而言，形象思维极其重要。识写教学直观化，符合脑科学的客观规定。

识写教学直观化的方法很多，下面以举例的方式加以说明。

字义理解上，可运用实物、标本、模型、图片、灯片、幻灯、录像、动作、表情、形象化的语言帮助学生理解字义。

字形教学上，要有目的、有计划地引导学生用直接直觉去观察汉字的造型特点的方法。如学习"日""燕""山""舟""人""水""鱼""木""石"等象形字，就可以出示这九个字的古文字形，让学生来猜认。

我国一直十分强调要注意引导学生通过观察图画和实物来识字，是对识字教学直观化的充分肯定。

2. 生活化识字

通常人们所理解的"识字生活化"是指在生活中识字：在校园里，识读图书墙报、师生姓名、花卉名称；在家庭中，关注家具家电和生活用品的各种标签；

在社会上，学认路牌、店名、广告、标语，即让汉字成为学生生活的一部分，进行"沉浸式学习"。确实，语文教学是母语教学，汉字在生活中无处不在，无时不有，充分联系儿童的生活经验，既可以激发孩子们识字的欲望，又能在耳濡目染中学会许多汉字。同时，因为低年级学生以无意记忆为主，记得快也忘得快，识字生活化可以让四处皆在的汉字真正走进孩子们的视野，在如影随形之中自然地相识相知。

（1）词义理解生活化。像"门前的小水沟真难过"和"他是个天真的孩子"这样的句子，在教师的要求中，"难过"与"天真"是词，在学生实际造出的句子中，"难过"与"天真"是短语。不管产生这种误差的原因是什么，至少可以看出，"小水沟真难过"和"天真的孩子"是实实在在的，是贴近孩子生活的，而形容词"难过"与"天真"，却是缥缈的，与低年级儿童生活语言相距甚远。这里说的是词语造句，似乎跟识字教学无关，但事实上，字义即单音节词的词义，掌握词义才能正确造句，因此，在字义教学的过程中，一定不能忘记学生的生活实际。还有，在进行虚词教学时，由于虚词没有实在的词汇意义，只有语法意义，所以更加需要联系生活中孩子们常用的句子，通过联系上下文来理解词义。

（2）字形识记生活化。例如，"鸟"字比"乌"字多一点，老师就可以问学生："知道乌鸦是什么颜色吗？"孩子们都知道是黑色。接下来就顺理成章了："乌鸦也是一种鸟，它为什么要比'鸟'字少一点呀？原来呀，'鸟'字中的一点是鸟的眼睛，乌鸦也有眼睛，但因为乌鸦全身都是黑色的，同样黑色的眼睛就不容易被辨别出来，看不见了，因此，'乌'字就比'鸟'字少了一点。"通过这样贴近生活的学习，这两个字的字形一定会被学生深刻记住。

（三）驾驭课堂的策略

驾驭课堂要根据具体的教学情境来选择策略。教学情境千变万化，但在识字教学尤其是集中识字的小学低年级课堂中，驾驭课堂的最好策略是实现识字教学趣味化。

心理学家皮亚杰认为："兴趣，实际上，就是需要的延伸，它表现出对象与需要之间的关系。我们之所以对一个对象产生兴趣，是因为它能满足我们的需要。"孩子们需要什么呢？他们惯听韵语，故而喜爱歌谣；他们对未知世界充满求知欲望，所以愿意猜谜语；更重要的是，他们是孩子，玩乐是他们的天性，所以他们需要游戏。

目前，教材编写者比较注意吸纳歌谣。苏教版教材把会意字编成歌谣让儿童念诵，如："村前白水泉，村后山石岩。客来鱼羊鲜，味美舌甘甜。"效果就比较好。湘版课标版一年级二册《识字5》："菠菜青，豆角长，丝瓜身穿绿衣裳。西红柿，挂灯笼，胖冬瓜，满身霜。辣椒长着尖尖嘴，萝卜地下捉迷藏。"当然，教师自己也可以根据汉字的特点编制一些歌谣，如"木旁一个老公公，好像黄山不老松""有女迟早要出嫁，有禾就是长庄稼""有口少争吵，用手把书抄，火少菜难炒，金少也是钞"等，孩子们学起来会饶有兴味。有的教师借鉴传统教材《声律启蒙》的做法，用现代反义词编了一些《声律歌》，如"深对浅，忙对闲，危险对安全。穷对富，恶对善，光明对黑暗。先对后，近对远，温饱对饥寒。成对败，开对关，文明对野蛮。"有助于孩子们理解词义，增加对祖国语言和文化的热爱之情。

猜字谜是一种老少皆宜的活动，形式简单，有一定挑战性，并且是一项传统的文艺活动，识字教学中应多开展此类活动。像"两个人在土上"（坐），"不上不下"（卡），"兔子差点不见了"（免），"有水能养鱼虾，有土能种庄稼，有人不是你我，有马能行天下"（也）等，都是课堂上常用的字谜。

此外，识字复习是比较枯燥的，如果把它融入游戏中，识字复习就变得相当容易。游戏的形式很多，关键是需要教师去设计、做教具。同时，在游戏中加识字还有提高游戏档次、提高游戏乐趣的作用。

第六章　小学语文阅读教学实践

第一节　小学语文阅读教学概述

一、小学语文阅读教学的目标

阅读，一般指读者通过视觉去看用文字写出来的东西，从中得到满足。《义务教育语文课程标准（2022年版）》指出：阅读是搜集处理信息、认识世界、发展思维、获得审美体验的重要途径。这句话深刻地阐明了阅读教学在语文教学和学生全面发展中的重要地位。明确阅读教学的目标，有助于我们实施有效的阅读教学，正确掌握阅读教学改革发展的方向。

《义务教育语文课程标准（2022年版）》将阅读教学的目标分为总目标和阶段目标两部分。

（一）阅读教学总目标

小学阶段阅读教学总目标可以概括为：培养学生具有初步的独立阅读能力，注重情感体验，有较丰富的积累，形成良好的语感。学会运用多种阅读方法，能初步理解、鉴赏文学作品，受到高尚情操与审美趣味的熏陶，发展个性，丰富自己的精神世界。课外阅读总量应在145万字以上。其中核心目标是培养阅读能力，注重情感体验，丰富积累，培养语感，发展健康个性。

（二）阅读教学阶段目标

第一学段（1—2年级）：

（1）喜欢阅读，感受阅读的乐趣。

（2）学习用普通话正确、流利、有感情地朗读课文。

（3）学习默读，做到不出声，不指读。

（4）借助读物中的图画阅读。

（5）结合上下文和生活实际了解课文中词句的意思，在阅读中积累词语。

（6）阅读浅显的童话、寓言、故事，向往美好的情境，关心自然和生命，对感兴趣的人物和事件有自己的感受和想法，并且乐于与人交流。

（7）诵读儿歌、童谣和浅近的古诗，展开想象，获得初步的情感体验，感受语言的优美。

（8）认识课文中出现的常用的标点符号。在阅读中，体会句号、问号、感叹号所表达的不同语气。

（9）积累自己喜欢的成语和格言警句。背诵优秀诗文50篇（段），课外阅读总量不少于5万字。

（10）喜爱图书，爱护图书。

第二学段（3—4年级）：

（1）用普通话正确、流利、有感情地朗读课文。

（2）初步学会默读。能对课文中不理解的地方提出疑问。

（3）能联系上下文，理解词句的意思，体会课文中关键词句在表情达意方面的作用。能借助字典、词典和生活积累，理解生词的意义。

（4）能初步掌握文章的主要内容，体会文章表达的思想感情。

（5）能复述叙事性作品的大意，初步感受作品中生动的形象和优美的语言，关心作品中人物的命运和喜怒哀乐，与他人交流自己的阅读感受。

（6）在理解词句的过程中，体会句号与逗号的不同用法，了解冒号、引号的一般用法。

（7）学习略读，粗知文章大意。

（8）积累课文中的优美词语、精彩句段，以及在课外阅读和生活中获得的语言材料。

（9）诵读优秀诗文，注意在诵读过程中体验情感、领悟内容。背诵优秀诗文50篇（段）。

（10）养成读书看报的习惯，收藏并与同学交流图书资料。课外阅读总量不少于40万字。

第三学段（5—6年级）：

（1）能用普通话正确、流利、有感情地朗读课文。

（2）默读有一定的速度，默读一般读物每分钟不少于300字。

（3）能借助词典阅读，理解词语在语言环境中的恰当意义，辨别词语的感情色彩。

（4）联系上下文和自己的阅读积累，推想课文中有关词句的意思，体会其表达效果。

（5）在阅读中揣摩文章的表达顺序，体会作者的思想感情，初步领悟文章基本的表达方法。在交流和讨论中，敢于提出自己的看法，做出自己的判断。

（6）阅读说明性文章，能抓住要点，了解文章的基本说明方法。

（7）阅读叙事性作品，了解事件梗概，简单描述自己印象最深的场景、人物、细节，说出自己的喜欢、憎恶、崇敬、向往、同情等感受。阅读诗歌，大体把握诗意，想象诗歌描述的情境，体会诗人的情感。受到优秀作品的感染和激励，向往和追求美好的理想。

（8）学习浏览，扩大知识面，根据需要搜集信息。

（9）在理解课文的过程中，体会顿号与逗号、分号与句号的不同用法。

（10）诵读优秀诗文，注意通过诗文的声调、节奏等体味作品的内容和情感。背诵优秀诗文60篇（段）。

（11）利用图书馆、网络等信息渠道尝试进行探究性阅读。扩大自己的阅读面，课外阅读总量不少于100万字。

（三）阅读教学目标的特点

从总体上看，阅读教学目标体现了总分结合、梯度有序的特点。总目标是阅读教学的总体指导思想，学段目标是总目标的具体化。例如总目标中提出"有较丰富的积累，形成良好的语感"，导向很明确。在各学段目标中多次提出要"丰富积累，培养语感"，并提出了"九年课外阅读总量应在400万字以上"的要求。其中1—6年级课外阅读量达145万字以上，背诵古今优秀诗文160篇（段）。此外还提出了积累词语、成语、格言警句的要求。这样，各学段目标与总目标互相呼应，目标指向明确，可操作性强，有助于学生语文素养的逐步提高。

从各学段阅读教学目标来看，体现了层次性和发展性的特点。各学段目标是按由低到高、由浅入深、由简单到复杂的逻辑顺序排列的。这样的设计既突出各学段阅读教学目标的重点，又注意了各学段前后之间的衔接联系，较好地解决了长期以来存在的年段之间在教学目标和教学内容上的脱节问题。

无论是总目标还是各学段阅读目标的设计，都体现了三维目标整合的特点。总目标中除了知识和能力目标外，还从过程和方法、情感态度和价值观方面提出了"学会运用多种阅读方法""受到高尚情操与审美趣味的熏陶，发展个性，丰富自己的精神世界"的要求。纵观各学段的阅读教学目标，虽然各有侧重，但可以整合为三个维度的目标。三个维度互相渗透，融为一体，各个学段相互联系，螺旋上升，最终全面提高学生的语文素养。

二、小学语文阅读教学的理念

（一）以读为本

阅读课就是读书课，阅读教学是教师指导下的看书读书活动。因此，阅读教学第一要务是读。《义务教育语文课程标准（2022年版）》明确指出："阅读教学要重视朗读和默读""加强阅读方法的指导，让学生学会精读、略读和浏览"。可见，阅读教学必须重视阅读实践，要以读为本。学生阅读能力的培养，阅读方法的掌握与运用，必须通过自主的阅读实践来实现。

以读为本，必须确保学生的主体地位，在课堂上充分安排学生自主学习的时间和空间，让学生切切实实地去读书：在读中整体感知，在读中有所感悟，在读中培养语感，在读中受到情感的熏陶、美的享受。要让学生主动地读，自觉地读，该读出画面时读出画面，该读出情感时读出情感，该读出见解时读出见解，该读出方法时读出方法。读出情，品出味，悟出效，习得法，激活思，最终形成独立阅读的能力。

（二）珍视感悟

《义务教育语文课程标准（2022年版）》强调，"阅读要珍视学生独特的感受、体验和理解"。"珍视"即珍惜重视；"独特"，即独有的、特别的，具有个性的，包含学生个体的生活经验、知识积累和价值取向。这一理念深刻地揭示了阅读教学的本质，即学生是阅读的主人，阅读教学应体现学生自读自悟，鼓励个性化阅读教学。

珍视学生独特的感受、体验和理解，就要充分尊重学生的阅读主体地位。《义务教育语文课程标准（2022年版）》指出："阅读是学生的个性化行为，不应以教师的分析代替学生的阅读实践。应让学生在主动积极的思维和情感活动中，加深理解和体验，有所感悟和思考，受到情感熏陶，获得思想启迪，享受审美乐趣。"珍视学生独特的感受、体验和理解，就必须鼓励学生进行"多角度、有创意地个性化阅读"。富有创见的教师会注意营造良好的阅读情境氛围，使学生完全敞开心灵，把阅读学习的过程当作自己生命体验的过程，真正融入作者的感情世界，与作者进行心灵的沟通、生命的对话，促进学生个性、情感积极健康的发展。

（三）培养语感

《义务教育语文课程标准（2022年版）》在课程的基本理念、课程目标中多次强调："指导学生正确地理解和运用祖国语文，丰富语言的积累，培养语感，发展思维。阅读教学在教学中尤其要重视培养良好的语感和整体把握能力。鼓励学生多诵读，在诵读实践中增加积累，发展语感，加深体验和感悟"。这就是说，语文教学必须注重语言积累，培养发展学生的语感，已经成为语文界的共识。

语感，就是对语言文字内涵的直觉领悟能力。人们对语言文字的表层理解和"言在意外"的深层次的理解，都需要凭借语感，才能领会其中的含义、情味和旨趣。培养语感对学生听、说、读、写能力的形成，能起到积极的促进作用。语感不是与生俱来的，必须通过必要的途径，采取必要的手段进行培养训练才能获得。教师在阅读教学中要让学生广泛接触并积累语言材料，强化语言训练，鼓励想象联想，加强朗读和诵读等方法的指导，让学生多读、多说、多听、多记忆，厚积薄发，促进语言经验、知识向语言能力转化，形成良好的语感。

（四）注重课外

重视课内外沟通。一是加强课堂内外联系。学生阅读的内容绝不应囿于教科书。教师可以在课前引导学生查阅相关资料，可以在课中穿插阅读相关文章，还可以指导学生课后开展拓展性阅读。二是加强校园内外沟通。《义务教育语文课程标准（2022年版）》指出："各地区都蕴藏着自然、社会、人文等多种语文课程资源。要有强烈的资源意识，去努力开发，积极利用。"教师可以带领学生走出校门，参观、访问、参与社会实践，鼓励学生利用节假日随家长外出旅游，开阔视野，增长见识。还可以引导学生听广播、看电视、上网，利用现代视听手段，拓展语文学习渠道。三是加强学科之间的融合。学科间的渗透和融合，是现代课程改革的发展趋势。语文是文化的载体，阅读材料中必然包含社会、自然的知识，包含科学思想方法的启蒙因素，这就使得语文课程的阅读教学与科学课、品德与生活课等课程的教学有着密切的联系。同时，阅读作品尤其是文学作品有很强的艺术性，这使阅读教学与艺术课中的音乐、美术息息相通。因此，阅读教学要主动与其他学科联系，加强融通，拓展学生的知识视野。

重视课外阅读。《义务教育语文课程标准（2022年版）》在实施建议中指出："培养学生广泛的阅读兴趣，扩大阅读面，增加阅读量。"并提出九年课外阅读总量应在400万字以上（小学不少于145万字）。这种开放的阅读教学观，对于学生拓展文化视野、积淀人文素养、丰富思想内涵、优化言语能力具有长远的积极效应。

三、小学语文阅读教学的内容

阅读是读者与文本的相互作用、构建意义的动态过程，它包括词、句、段、篇等的学习。阅读课是读书课，是读书训练课，于是就有朗读、默读、诵读、精读、略读、浏览等阅读技能的训练。因此，阅读教学的内容是丰富多彩的，既有字、词、句、段、篇章的等教学，又有各种形式的"读"的训练，在语言文字训练的同时，还要对学生进行思维训练和人文教育。

（一）词句篇章的教学

在传统的阅读教学中，教师要引导学生对文本的词、句、段、篇等进行分析。新语文课程的阅读教学理念有所变化，它打破了原来的词、句、段、篇的阅读教学顺序，不再以词、句、段、篇作为阅读能力发展的外显标志。和以往的语文教学大纲相比，《义务教育语文课程标准（2022年版）》在词句教学方面提出了"积累和运用"的新要求；在段的教学方面则降低要求，避免烦琐化，不再提分段、概括段落大意等有关段落教学的要求；在篇章教学方面，更加强调对文本的整体感知，更加注重对课文的整体把握。

词句教学主要强调了"理解"与"积累和运用"两个方面的要求。"理解"的要求：理解词句的意思，体会课文中关键词句在表情达意方面的作用，辨别词语的感情色彩，体会词句的表达效果。"积累和运用"的要求：在阅读中积累优美的词句，积累自己喜欢的成语和格言警句；在口头和书面表达中乐于运用自己平时积累的语言素材。重视积累与运用，是语文课程新理念的折射，也是当前阅读教学亟待实现的目标。

在篇章教学方面，《义务教育语文课程标准（2022年版）》降低了对"段"的要求，只宏观地提出要引导学生在阅读中揣摩文章的表达顺序，把握文章的主要内容，体会作者的思想感情，旨在使师生从烦琐的教、学中解脱出来。虽然仍需要对学生进行"段"的训练，比如课文中的重点段落、优美段落要引导学生多读多品味。反对将课文割裂为词、句、段、篇，更加强调对文本的整体感知。教师在教学中既要注意发挥段的教学作用，又不要陷入某些程序化的教学套路中。不必课课分段，应着眼于整体，注意选择值得揣摩品味的课文言语，引导学生推敲传神的字眼，品评优美的句式，剖析独到的表现手法，玩味精妙的构思，领悟含义丰富的句子，咀嚼富有个性的对话等，使学生读出文章的好处，领悟文章的韵味。

（二）阅读技能的训练

对学生进行阅读技能训练是阅读教学的重要内容之一。从阅读是否出声的角度来看，可以将阅读活动分为朗读、默读和诵读；从阅读目的的角度来看，常见的阅读方法有精读、略读、浏览等。以上六种既是常见的阅读方法，也是小学生必备的阅读技能，《义务教育语文课程标准（2022年版）》在"总目标"中提出要"学会运用多种阅读方法"，在"实施建议"中又做了明确的阐释："各个学段的阅读教学都要重视朗读和默读。加强对阅读方法的指导，让学生学会精读、略读和浏览。有些诗文应要求学生诵读，以利于积累、体验、培养语感。"

朗读是一种眼、口、耳、鼻、脑协同并用的有声的阅读活动。它有助于学生以声解义，以声传情，发展口语，加深对文本的理解，是语感训练的最佳手段。默读是不出声的阅读，即阅读时只用眼睛看、用脑子想，但不发出声音。默读时大脑将视觉获得的文字信息转化为内部的思维活动和言语活动，有利于提高阅读速度和理解能力。诵读是一种注重眼到、口到、心到的传统阅读方法，是通过反复朗读达到熟练程度的"读"。诵读有助于从文本的声律气韵入手，逐步加深理解和体验，体会其丰富的内涵和情感，达到潜移默化的目的。《义务教育语文课程标准（2022年版）》对每个学段都有诵读的要求：第一学段，诵读儿歌、童谣和浅近古诗，展开想象，获得初步的情感体验、感受语言的优美；第二学段，诵读优秀诗文，注意在诵读过程中体验情感、领悟内容；第三学段，诵读优秀诗文，通过诗文的声调、节奏等体味作品的内容和情感。可见，诵读主要强调诵读的过程与诵读中的体验、领悟和积累等。

精读就是精细地研读，即放慢速度，反复咀嚼，读懂，读通，读透。精读不但是充分理解阅读材料的重要方法，而且有利于提高理解和运用语言文字的能力，培养良好的阅读习惯，促进学生语文素养的提高。略读是只求概览大意的阅读，这是一种快速地、提纲挈领地把握文本的主要内容、思想感情和写作特点的阅读方式。浏览，是快速地对文本信息进行识别、筛选，从中获取有价值的信息的阅读方法。浏览有助于迅速选择阅读材料，搜集信息，开阔视野，增长知识，扩大知识面，也可以消遣娱乐。在倡导阅读能力主动发展和全球信息化的今天，浏览是现代人阅读必须掌握的方法和必备技能。

（三）阅读能力的培养

阅读能力是顺利地进行阅读活动所必须具备的心理特征的总和。《义务教育语文课程标准（2022 年版）》指出："阅读教学的重点是培养学生具有感受、理解、欣赏和评价的能力和逐步培养学生探究性阅读和创造性阅读的能力。"这体现了阅读教学理念的变化，即要将以前注重认知、被动接受的阅读，转变为注重发展、主动探究的阅读。阅读过程主要是阅读主体在阅读中进行感受、理解、欣赏、评价、探究、创造的思维过程。

1. 阅读感受能力

阅读教学是以阅读为基础的认知活动，人们的认识过程一般是从感性认识到理性认识。阅读感受能力是对阅读材料进行感知，获得鲜明印象、受到感染与激励的能力。它包括对阅读材料中的字词句的认读能力和对文本感性存在的整体直觉把握能力。《义务教育语文课程标准（2022 年版）》关注学生的阅读感受，提出要感受阅读的乐趣，感受语言的优美，感受作品中生动的形象，了解文本大意及主要特征，发现文本的精彩动人之处等，这些正是感受能力的体现。

2. 阅读理解能力

理解，是感受的深化与升华。阅读理解能力是"读懂"文本，并对阅读信息进行消化加工的能力。阅读理解能力是构成阅读能力的核心成分。衡量学生阅读能力的强弱，主要是看阅读理解能力如何。阅读理解能力包括理解词语的能力，理解语言构造（句、段、篇章）的能力，理解内容、情感的能力，理解表达方法的能力等。

3. 阅读欣赏能力

阅读欣赏能力就是能从欣赏的角度阅读文本，并具有初步品评优美的语言和写得准确、鲜明、生动的词句的能力。例如细心品味作品语句所表达的不可言传的微妙情感、体会不同的用词所具有的不同表达效果、品味作品中的语言技巧和写作技巧等。阅读欣赏的过程就是引导学生对阅读材料进行体验玩味，以体会其精妙的魅力。不同学段的小学生对阅读文本都有一定的欣赏能力，只是欣赏的水平不同而已。因此，对小学生的阅读欣赏能力不能漠视不管，也不宜操之过急。

4. 阅读评价能力

评价，即辨析是非与优劣。阅读评价能力是学生对阅读材料的思想内容、主要特点、写作技巧等方面做出合理的评价的能力。如果说理解是从阅读材料的形式入手，逐步弄懂"写的是什么"，那么评价则是从内容到形式，对阅读材料进行"怎么样"的品评。《义务教育语文课程标准（2022年版）》在阅读目标中提出："对感兴趣的人物和事件有自己的感受和想法""与他人交流自己的阅读感受""在交流和讨论中，敢于提出自己的看法、做出自己的判断""说出自己的喜欢、憎恶、崇敬、向往、同情等感受"。这些要求实际上是评价能力的萌芽形式与初级表现。

5. 探究性阅读能力

探究性阅读能力是在阅读中对文本的深层内涵或疑难点等进行探究，自主搜集、处理信息，以解决问题的能力。《义务教育语文课程标准（2022年版）》在小学阶段要求："能对课文中不理解的地方提出疑问""推想课文中有关词句的意思""敢于提出自己的看法、做出自己的判断""利用图书馆、网络等信息渠道尝试进行探究性阅读"。"探究"是一种富有创意的发现过程，探究的问题可能是未知的、有一定难度，它要求学生将所学到的知识、方法进行综合运用才能完成阅读，有时需要同学、师生、家校合作攻关。小学生的好奇心与探究心理，有时候远比初中生、高中生要强。因此，阅读教学中应珍惜学生的"探究"，鼓励学生主动探究、主动发现。探究的渠道可以在课内，也可以在课外。

6. 创造性阅读能力

创造性阅读能力是学生运用阅读材料所提供的信息，从中产生出他人未曾有过的独特的见解和新异的结论，或在原文的基础上创造出有价值的新作品的能力。所谓"创造"，并不是在阅读课上搞什么发明创造，而是要珍惜每位学生独到的见解和富有个性的发现。例如，一位教师让学生阅读仙人掌与蟹爪莲的故事，学生阅读后的看法很不一致。有的学生认为，仙人掌把营养输送给了蟹爪莲，所以蟹爪莲才那么美丽，仙人掌无私奉献的精神值得大家学习；有的学生却认为，仙人掌这样做并不值得，它牺牲了自己才换来蟹爪莲的美丽，如果能让自己和蟹爪莲都长得生机勃勃才更好。阅读教学应鼓励学生不拘泥、不守旧、敢于创新的精神，有意对学生进行创造性阅读能力的训练和培养。

阅读能力是一个多侧面、多层级的复合结构。感受、理解、欣赏、评价、探究、创造等代表了阅读能力的不同层次。这六种能力并非按直线一步一步形成的，六者互相渗透、互相影响，不同的阅读能力之间呈现出既相互关联，又相对独立的态势。教师要正确把握课标要求，在打牢基础的前提下有目的地进行训练，始终把培养和提高学生的阅读能力作为阅读教学的主要目标之一，切实提高学生的阅读能力和语文素养。

（四）人文教育的熏陶

语文课程的性质决定了语文课程具有丰富的人文内涵。将语文课程与自然类课程比较，可以看到，语文课程具有大量具体形象、带有个人情感和主观色彩的内容，它包含政治、思想、道德、价值观、文化、文学、美学等诸方面的因素，对学生的语文素养、艺术涵养、科学精神、品德修养的培养，对每一位学生文化底蕴、情感意趣、价值追求、人文精神的发展，乃至良好的个性与健全的人格的形成，都至关重要且影响很大。因此，对学生进行人文教育是阅读教学的重要内容。

阅读教学中的人文教育不应机械地割裂开来，而应有机渗透于词句篇章及阅读技能的教学中。关注丰富的人文内涵对学生的影响，首先应重视语文的熏陶感染作用，注意教学内容的价值取向。同时应尊重学生在学习过程中的独特体验，让阅读教学做到"以人为本"，尊重人、关心人、服务人、发展人，引导学生热爱生活，关爱生命，健全人格。

第二节　小学语文阅读方法与思维训练

一、阅读技能训练

阅读技能培养是语文专业学习的重要特征。良好的阅读技能有利于感悟体验，深入理解文本，有助于学生阅读能力的发展。在阅读教学中加强阅读技能训练的教学策略如下：

（一）激发兴趣，喜欢阅读

阅读兴趣是对阅读活动的一种主义倾向、积极态度和喜爱程度。阅读兴趣是阅读技能形成的基础，也是小学生阅读能力持续发展的不竭动力。《义务教育语文课程标准（2022年版）》指出："喜欢阅读，感受阅读的乐趣。阅读教学的过程应该是乐趣学的过程。"让学生感受到阅读的快乐，比获得知识更为重要。

首先，教学内容应能引起学生阅读的兴趣，让学生能够自觉投入其中受到感染与熏陶。对于学生不爱读的个别课文，教师要注意从中发掘有情趣的教学内容，让学生去品味、欣赏。教师要改变原来词、句、段、篇的分析思路，注重对文本的整体把握，避免将课文分解为单调乏味的知识点。

其次，在教学过程中，应尊重学生主体，允许学生按自己喜欢的方式阅读。建构主义认为，知识是主体的积极构建。离开主体的构建的书本知识只能是静止的、凝固的、抽象的符号。因此，阅读应是学生积极主动的阅读。每位学生获得的阅读感受与乐趣可能不同，不同的乐趣相互碰撞，就可能激发和产生更多的乐趣。

最后，教师要针对教材实际和学生的年龄特征，采取灵活多样的教学方法、现代教育技术手段，创设趣味盎然的教学情境，激发学生的阅读兴趣。

（二）培养习惯，自觉阅读

孔子说："习惯成自然。"宋代理学家程颐说："习与性成，圣贤同归。"

养成良好的阅读习惯，可以使学生排除阅读干扰，主动愉快地去阅读，能动地提高自己的阅读技能。一些不良阅读习惯如指读、唱读、逐词阅读和频繁查生词，会直接或间接地影响学生的阅读效果。教师应与家长配合、督促小学生制订较科学合理的作息时间和读书计划，帮助小学生养成良好的阅读习惯，形成有效的阅读技能。比如通过强化阅读的注意力，学会跳读，提高阅读速度；通过抓关键句理清文本思路，强化整体把握文本意识；通过咀嚼、品味重点词句的含义，提高理解能力；通过品读赏析和比较，提高评价、鉴赏能力；通过联想、想象，提高创造性阅读的水平等。此外，小学阶段还应着重培养以下良好的阅读习惯：

（1）读书看报的习惯。教育学生喜爱图书、爱护图书，收藏并与同学交流图书资料，坚持读书看报。放学后先做作业再阅读，每天安排一定的阅读时间。

（2）读思结合的习惯。在阅读过程中，要教会学生一边读一边想，在读中发现问题，养成通过深入思考、认真分析，自己解决问题的习惯。

（3）阅读时动笔的习惯。要训练学生养成做各种类型的读书笔记的习惯，如圈点批划、摘抄要点、制作卡片、写读书笔记等。尤其要动员小学生积累课文中的优美的词语、精彩的句段，以及在课外阅读和生活中获得的语言素材，学习在阅读中积累词语、丰富自己的语汇。

（4）使用工具书的习惯。要教会小学生在预习、自读、自学过程中，合理运用工具书解决疑难问题。

（5）阅读卫生的习惯。应注意学生阅读时的心理卫生和用眼卫生，教育学生正确处理好阅读与环境、阅读与身心健康的关系，讲究阅读卫生。

（三）教给方法，学会阅读

科学的阅读方法可以控制和调节学习主体的注意和信息加工过程，提高阅读效果。阅读教学应注意指导学生科学的阅读方法，以此训练学生的阅读技能。

（1）朗读。《义务教育语文课程标准（2022年版）》对朗读的要求是："能用普通话正确、流利、有感情地朗读课文。"正确，是指语音和语调的规范化。流利，是指阅读时做到语音连贯、不漏字、不落字、不改字、不颠倒、不重复等。有感情，是指阅读时做到感情充沛，节奏鲜明，恰当地传达作者的思想感情。朗读技巧的训练应突出停顿、重音、语调、节奏四个方面。教师在教学实践中常常运用多种朗读形式，如范读、个读、齐读、自由读、分角色读等，对学生进行朗读技巧指导。

（2）默读。小学阶段默读的基本要求：不出声、不指读、有一定的速度。默读时，要眼脑并用，读思结合，提倡在默读过程中圈圈点点，写写画画，帮助记忆，帮助思考，以提高默读的效果。

（3）诵读。要练好诵读，首先要加强朗读训练，其次要掌握一些诵读的方法，如熟读成诵法、联想扩充法、想象入境法等。教师可以运用多种形式训练学生诵读（如竞赛式、游戏式、表演式、合作式等）。

（4）精读。精读的基本要求：探究词句，体会立意构思，揣摩表达顺序，领悟表达方法，体会作者的思想感情。精读应认真细读，揣摩研究，对重点部分要细致推理，品词析句甚至咬文嚼字，结合联想和想象，体验文本所蕴含的情、理、趣，进而形成自己对文本的判断和评价。加强学生精读时要注意指导学法，提示阅读重点，重视学生的情感体验和创造性理解，对学生确实难以理解的难点内容应适当点拨。

（5）略读与浏览。略读与浏览不同于精读的深入钻研，而只求通览全篇，概览大意，汲取其精华，获得其旨趣。因此略读和浏览训练，应把重点放在阅读方法和由此获得的信息量上。略读训练的重点是能否把握阅读材料的大意，浏览训练的重点是能否从阅读材料中捕捉重要信息。

二、阅读能力培养

阅读能力培养是阅读教学的主要目标，也是阅读教学活动的核心。词句篇章教学、阅读技能的训练都是为了更好地提高学生的阅读能力。阅读教学重点是培养学生具有感受、理解、欣赏和评价的能力。

（一）感知积累，培养语感

语感的强弱是衡量一个人语文素养高低的重要杠杆。培养语感，既强调学生人文精神的介入，又注重学生的言语实践，体现了语文工具性与人文性的统一。

语感的培养需要长期的积累，需要大量的阅读。教师可以从三个方面对学生进行训练，实现语感的积累。一是扩大学生的阅读面，养成读书看报的习惯，收藏并与同学交流图书资料，扩大阅读范围，拓展自己的视野，广泛阅读各种类型的读物"。二是采用多种"读"的形式训练学生的语感。在朗读、默读、精读、浏览等阅读方法的指导中加强语感训练。在读中咬文嚼字、体味文章的语言是语感训练的关键环节。因此，要注意让学生在读中推理、揣摩、细细品味文本语言，增强对语言文字的了解与感悟。三是规定学生的课外阅读量。《义务教育语文课程标准（2022年版）》对学生的每个学段的阅读量都有切合实际的规定，六年累计不少于145万字，要求背诵优秀诗文160篇（段），同时要求在阅读中积累词语；积累自己喜欢的成语和格言警句；积累课文中的优美词语、精彩句段，以及在课外阅读和生活中获得的语言材料，为培养语感提供基本策略。

（二）唤情入文，体验情感

《义务教育语文课程标准（2022年版）》在"基本理念"中指出"应该重视语文的熏陶感染作用"，在总目标中指出"注重情感体验"，然后在各阶段目标中再对此加以具体化，多次提出"有感情地朗读课文""诵读儿歌、童谣和浅近的古诗，展开想象，获得初步的情感体验，感受语言的优美""体会文章表达的思想感情""关心作品中人物的命运和喜怒哀乐""注意在诵读过程中体验情感，领悟内容""说出自己的喜欢、憎恶、崇敬、向往、同情等感受"等。

学生是阅读的主体，在阅读教学中入情入境，指导学生体验情感要注意：（1）阅读前指导。阅读前应注意唤起学生情感投入的意识。教师可以通过精心设置导语、介绍时代背景、电教媒体声像等表达情感，引起学生的情感准备。（2）阅读中指导。阅读中应注意指导学生把心放到文本中去，设身处地去读、去想、去感受，这是体会情感的基本策略。其具体方法有：① 有感情地朗读课文，通过富有感情的美读来品味意境，体验情感。② 依据文章的主要内容，体验情感。③ 抓住重点词句段（尤其是带有感情色彩的词句段），体验情感。④ 读文章想画面，通过想象、联想体验情感。⑤ 读文章联系生活实际，体验情感。⑥ 揣摩文章的表达顺序，体验情感。⑦ 与他人交流阅读感受，体会思想感情。⑧ 借助课件等现代教学设备，体验情感。

（三）读思结合，加深理解

阅读是一种凭借思维来理解书面信息符号的心理过程。阅读时，只有通过一系列的思维活动，才能掌握信息符号所代表的意思。而离开对信息符号的思维，阅读的感知过程就会受限，就会影响对信息符号进行有效的分析综合。

阅读教学中训练学生读思结合的方法：一是要训练学生养成边读边思的习惯。要"让琅琅书声走进课堂"，确保每一节课让学生把书读熟读好，让学生在读书中边读边思考，边体会边理解。学生口诵心悟，对课文的理解、体会不断加深，阅读能力也得以提高。二是要鼓励个性化阅读。阅读课关注的焦点是"你是怎么理解的""说说你的理由""联系你的生活体验""谈谈你的看法"等。在这种"话语"情境中，学生可以对问题做出不同的解读。学生的生活体验、独特感受在教学过程中得到充分的尊重，确保了学生充分、自主的个性化阅读实践的展开，从而让学生在主动积极的思维和情感活动中，加深理解和体验，有所感悟和思考。

（四）引发审美，激发创造

语文教育归根到底是人文素质教育，离不开审美体验。语文阅读"接受的不仅是符号系统，而且是价值系统、意义系统……是一种人类精神文化的涵养与创造素质的培育"。阅读教学通过吟诵朗读、体验感悟、欣赏意境、意象分析等方式，培养学生的感受、审美和创造力，从而促进学生的健康成长。

（1）美读。"美读"是提高小学生文学审美感受力的传统方法。其要义在于通过吟诵朗读，感受作品的韵律节奏，意境意蕴，由文入情，由文本世界进入作者的精神世界，达到与作者神气相通、心灵感应的审美境界。

（2）想象。在阅读教学中，学生对文本有了感知、吸收、积累的基础之后，还应引导学生进一步理解、品味、感悟，并通过合理想象，塑造审美形象，从而强化学生的审美感受。

（3）鉴赏。教学中，教师不仅要指导学生悟读，而且要指导学生赏读。小学生已经具有一定的鉴赏能力，优秀的文学作品，教师可以指导学生进行文学鉴赏，比如能从欣赏的角度阅读文本，并能初步品评优美的词、句、段、篇，对阅读材料进行体验玩味，从审美的角度体会其精妙魅力等。

（4）创造。在学生朗读、诵读、赏读的基础上，教师可以指导学生创造性地读，加入个人的独特感受和独到见解。阅读中的感受、理解、欣赏、评价、探究、创造都离不开学生的阅读个性。把阅读看作是与文本的对话，本身就蕴含了创造的意义。这种对话过程充满了发现、质疑、思考和探究。只有在阅读中发挥学生的创造性，才能真正有效地提高学生的阅读能力。

第三节　小学语文阅读教学策略

一、教学目标制订的策略

（一）凸显目标的学科性

"全面提高学生的语文素养"是语文教育的根本目的，也理所当然地成为阅读教学的标志性、根本性目标。因此，阅读教学目标的确立，应充分反映语文学科的性质，应注意把握语文教育的特点，更多地使用能体现语文学科特点的"阅读""理解""懂得""体会""联系上下文"等词语，使人一看就知道这是一堂语文课。有人给《黄河是怎样变化的》设定的教学目标：① 指导学生了解黄河的过去和现在，知道黄河变化的原因及其内在联系。② 引导学生理清课文脉络，给课文分段，略知文章大意。③ 组织学生搜集有关黄河的资料，培养积累材料的能力。④ 培养学生的民族忧患意识。上述教学目标不仅表述形式杂乱，随意性大，缺少规范，而且表达内容广泛，语文本质特征明显不足。

阅读教学目标的表述不仅要反映出"语文阅读课"的特点，还应力求反映出"小学"的特点。如"整体感知课文的大致内容"，这一目标的表述语言就不够准确。怎样才算是整体感知而非部分感知？如果改为"能用自己的话讲述课文的主要内容"就更为明确，既体现出语文学习的特点，又适合新时期更加注重对文本整体把握的要求。

（二）体现目标的三维性

《义务教育语文课程标准（2022 年版）》提出了知识和能力、过程和方法、情感态度和价值观三维目标，为小学语文阅读教学目标的制定指明了方向。在阅读教学中教师要坚持从具体的文本入手，充分挖掘教材的各种因素，认真落实好语文知识与能力训练点，充分挖掘出文本所包含的人文性内涵。同时，还要考虑学生应经历怎样的学习过程，获得什么样的学习方法，养成什么样的学习习惯。

教学中，我们要做好三维目标的整合，而不是把三个维度简单地叠加，要以"知识与能力"为主线，渗透情感、态度价值观，并充分地体现在过程和方法中。如《幸福是什么》一课的教学目标较好地体现了三维目标的整合：① 读通课文，品味重点词句；了解童话在人物形象、故事情节、语言表达上的一些特点。② 通过学生自读自悟，主动探究，了解故事内容，懂得幸福是什么。③ 理解幸福要靠劳动，要尽自己的义务，做对别人有益的事；发现身边的幸福，并懂得珍惜幸福。

（三）把握目标的发展性

阅读教学目标应具有发展性是指所确立的阅读教学目标蕴含了培养学生能力的显著成分，通过教学能有效促进学生语文素养的提高，进而促进学生发展。教师在设计阅读教学目标时，必须认真明确课程标准，深入钻研教材，准确把握学情从而设计出发展性阅读教学目标。

首先，要认真领会《义务教育语文课程标准（2022 年版）》，渗透课标精神。例如阅读教学中"联系上下文理解词句"的教学目标，在第一学段定位为"结合上下文和生活实际了解课文中词句的意思"，提出的学习目标是"了解"；在第二学段则是"能联系上下文，理解词句的意思，体会课文中关键词句在表达情意方面的作用。能借助字典、词典和生活积累，理解生词的意义"。提出了"理解词意""体会关键词句的作用"等要求；到了第三学段，"联系上下文和自己的积累，推想课文中有关词句的意思，体会其表达效果"。提出了"推想词意""体会表达效果"的目标要求，这样循序渐进、螺旋上升，最终实现"具有独立阅读能力"的总目标。因此，我们在设计阅读教学目标的时候，必须考虑到课程标准对各个学段的要求，既着眼于学段目标的达成，又考虑原有目标的基础，兼顾与下一个学段目标的连接。

其次，要了解学生已有的语文基础知识、基本能力水平，以及兴趣、爱好、习惯、特长等，要立足学情设计教学目标。语文教师要充分了解学生，重视对学生个性差异的研究，使阅读教学目标尽可能地适应学生的发展水平，还可以让学生根据自己的个性特点确定自己的个人阅读目标。

在领会课标、掌握学情的前提下，教师还必须深入钻研教材，准确把握教材的重点、难点，确定具有发展性的阅读教学目标，做到既不拔高要求，也不降低要求，实施过程与采用的方法要具有激励性，让不同程度的学生在原有基础上都有所发展。

（四）增强目标的可操作性

阅读教学目标应依据课程标准、学生实际、教师本身、教学文本四个方面进行综合考虑。目标的表述应该是明确、清晰、具体，可观察、可检测的。目标要求学生了解什么、理解什么、掌握什么、识记什么应一目了然。如《黄河是怎样变化的》的情感目标："引导学生体会课文语言的生动，体会词句表达的感情"不如改成"有感情地朗读课文，读出语言的生动和词句表达的感情"。后者所用词语如"朗读""读出"等是可观察、可检测的，而前者所用的词语"体会""感悟"则是模糊、不易操作和检测的。

阅读教学目标的指向是全体学生通过课文学习后所达成的结果，学生是学习的主体，因此教学目标应该是学生在学习中的变化或结果，阅读教学目标的陈述应以学生为本位。阅读教学目标的表述越清晰明白，在课堂教学中也越容易把握，教学目标的达成率也就越高。

二、教学方法选用的策略

阅读教学的方法既有从整体上设计的方法，也有针对某一项具体内容设计的方法。每一种教学方法都有相对的优点和缺点，任何一种教学方法都不能认为是最佳的，只有多种教学方法综合使用、优化组合，才有望组合为有效的教学方法。巴班斯基在《教学教育过程最优化》中特别强调指出："在实际教学过程中，必须配合运用多种方法，此举能为学生认识能力的顺利发展创造良好的条件。"

阅读教学的方法与教学目标、教材内容、学生特征、教师素质、教学环境之间存在着内在的有机联系，这就为教师选择教学方法提供了基本策略。

（一）根据教学目标，选择教学方法

教学方法是为目标服务的，我们不能抛开目标而盲目地确定教学方法，而应紧紧围绕教学目标来对教学方法进行选取、组合、优化。如果一堂课的教学目标重在字、词、句的理解、记忆，那么自然离不开教师的讲解和学生的诵读练习。如果一堂课重在掌握篇章的布局结构、写作技巧，则需要教师的分析讲解与学生的探究性学习相结合；如果一堂课的教学目标重在把握课文的主要内容、体会作者的思想感情，则需要引导学生反复品味课文、讨论体会，这自然离不开朗读、问答和讨论等。如一位教师教《景阳冈》时，将"感受武松的人物形象"作为教学重点，教师采用了自读法、讨论法、表演法，让学生注意抓住课文中的动词，揣摩武松的沉着、机智、勇敢、无畏的品格，从而加深了对内容的理解。

（二）根据教学内容，选择教学方法

不同内容的教学有各自的规律，因而有各自的方法要求。叙事性作品、说明性文章、诗歌等不同类别的课文，各有各的讲法、读法。教学内容不同，侧重点不同，教学要求不同，教师所采用的具体教学方法必然就不同。即使是同一单元的课文，具体的教学方法亦可灵活多样。以人教版五年级上册第六单元为例，这是一组写人的文章，单元教学重点是学会人物分析，通过对人物的分析，来体会人物品质和饱含的情感。《地震中的父与子》既要让学生感受父爱的伟大力量，受到父子情深的感染，又要引导学生通过对人物外貌、语言和动作的描写，体会文章表达的思想感情，提高阅读能力。因此，教学中可运用朗读指导、赏析词句、品读感悟、想象延伸、情感渲染等多种方法。《慈母情深》则可以让学生在有了一定的评析人物能力的基础上，试着独立阅读，独立分析人物，体会平凡母亲的伟大。《"精彩极了"和"糟糕透了"》这篇课文的对话很多，且有鲜明的个性色彩。因此，要让学生在阅读中抓住人物动作、语言和心理活动描写的语句，体会作者怎样理解了父母两种不同评价中饱含的爱，感受爱的不同表达方式。教学中可运用联系生活、加深体验，反思文本、内化情感等多种方法。《学会看病》是略读课文，从母亲尽责的独特视角，反映了母爱的广袤深远。教学中可以通过分析、辩论的形式，对人物进行分析，引导学生全面认识母爱，激励学生在生活中注意磨炼自己独立生活的能力。可见，在选择教法之前，教师首先应认真地钻研教材，根据教学目标灵活使用教材，然后再根据课文内容的特点及教学重点，选择教学方法。

（三）根据师生特点，选择教学方法

在阅读教学中，教师的知识结构、个性爱好、能力素质，都会影响教师对教材的处理和对教法的选用。因此，执教之前，教师应深入地研究自我、发现自我、界定自我等，寻找自己的个性特色，把握自身的客观实际情况去进行教法上的选择。幽默风趣的老师，可以用轻松、诙谐的语言和形态活跃氛围，激发学生思维；调控能力强的老师，可采用灵活多变的方法吸引学生关注、参与教学过程；能书善画的老师，可以用漂亮的粉笔字和流畅的简笔画，使学生受到熏陶、感染；歌

舞优秀的老师，还可以结合教材内容在适当的时机以动听的歌声、轻柔的舞姿引领学生感受语文课堂的美妙。

新课程改革的宗旨是"为了每一位学生的发展"。在这样的教育理念下，课堂教学必须真正做到"以学生发展为本"。在阅读教学中，无论准备采用什么教学方法，都必须尊重学生的个体差异，为学生创造良好的自主学习情境，鼓励学生选择适合自己的学习方式。一个合格或优秀的教师，应在充分了解学情的基础上选择教法，形成自己的教学特色。

（四）根据教学情境，变换教学方法

教学活动是一个动态过程，教学情境总是在不断变化的，教学方法也应随机应变。例如，当通过朗读和精彩描述激起了学生的想象与情感共鸣时，若能进一步设疑激思，便能引发学生对深层内容的思考。当他们思而不明、言而不清时，画龙点睛的讲解就能拨云见日，使学生在感悟中共享思维的欢乐。一位老师在教《挑山工》时，有位学生站起来说："我认为说挑山工都很憨厚朴实不恰当，有的挑山工也很狡猾呢！"接着举了自己去旅游被挑山工欺骗的事情。学生的质疑出乎教师的预料。但她没有断然否定学生，而是抓住这个契机调整预定的方法，让学生展开讨论。最后，这位教师微笑着说："同学 A 说挑山工用自己辛勤的劳动来维持生活，用自己的劳动为旅游者服务，因此说他们是憨厚而朴实显然是没有错的，但同学 B 的意见也有一定的道理，因为现实生活中也确实有那样的人。所以，我以为将同学 A 话中的'都'字改为'一般'，大家说怎么样？"学生纷纷对此表示同意。这样变换教法，既充分发挥了学生的主动性和创造性，又对学生进行了价值观的正确引导。

总之，"教学有法，教无定法，贵在得法"。阅读教学是一个复杂的、矛盾运动的过程，在教学实践中没有一成不变的模式。教师应在理解教材、掌握学情的基础上，充分发挥自身的特长和能动作用，灵活、创造性地运用教学方法，并注意各种方法的灵活运用，发挥其综合效性，以获得最佳的教学效果。

三、教学过程优化的策略

苏联教育家巴班斯基最早提出"教学过程最优化"问题，所谓"最优化"，简单地说，就是在规定的标准时间里，取得最好的教学效果。阅读教学是具有高度实践品质的活动，是在学生积极参与下的师生双方的互动过程，教师、教材、

学生是构成阅读课堂的三要素，因此阅读教学过程的优化就涉及灵活处理教材、优化施教过程和优化学生活动等方面。

（一）灵活处理语文教材

第一，要领会《义务教育语文课程标准（2022年版）》的精神实质，并自觉、合理地将它们融入每个单元、每篇课文的教学中去。第二，要熟知语文教材体系。语文教师一要通读全套教材，从整体上把握编者编写教材的意图、编排体系。第三，要精读全册教材，把握单元组合的规律。第四，要吃透每篇课文，依据它在单元整体中所处的位置，提出每篇课文的教学要点。使前后课文的教学既有阶段性又有连续性。最后，要灵活处理教材。语文教材中的课文只是一些成功地运用语言表达思想的范例。教师不是教教材，而是用教材。阅读教学中教师、学生、文本之间不仅仅是知识的交换、信息的传递，还有意义的分享、灵魂的碰撞和精神的融合，课文意义就在这种动态的过程中产生，直到无限。

从根本上讲，阅读教学就是教师引导学生对文本进行感悟、理解、欣赏、吸收、评价等的过程。教师对阅读教材的处理上应该"求活、求实、求新、求放"。求活，指正视学生的差异，教材的处理要灵活化、层次化、趣味化，能直接投射到学生的最近发展区，使其有所思、有所学、有所发展。求实，指对教材的理解和把握要实实在在，教学目标的设计是否符合学生的学习规律，是否能体现学生实实在在的"获得"，教材处理的密度是否科学等。求新，指教师处理教材的观念要新，要有前瞻性，要用发展的眼光看教材、看学生，师生能围绕教材、围绕教学设计共同进行"三度创造"。求放，指处理教材时，教学框架的搭建要灵活，要开放，吞吐量要大，能便于教师在课堂中的宏观调控和微观的处理，教学过程能充分激发学生对语文的热爱，形成积极追求的心理倾向，教学境界旨在达到"放得开收得拢"，得心应手、游刃有余。

（二）合理创设教学情境

教师在阅读教学中合理创设情境，能提高课堂教学的趣味性，促进课文理解的深刻性，保证语言训练的效益性，能化抽象为形象，变苦学为乐学，让学生在轻松愉快中获取知识，提高语文素养。在阅读教学中创设情境的常见策略有：

（1）创设问题情境，强化学生学习动机。在阅读教学中，教师有目的地设置问题，形成各种不同的问题情境，能引起学生认识的兴趣，形成探究的欲望，激发学生自主、积极、能动地、创造性地去思考。如教学《凡卡》时，提问："我们假设凡卡的爷爷收到了凡卡的信，你认为以后将怎样发展？"这样一个问题难易适度，针对性强，既丰富了学生的想象力，又使学生对凡卡悲剧的必然性做出了更深刻的理解。

（2）创设活动情境，落实重点教学目标。从突破教学重点考虑，可以创设活动情境，使学生动脑、动手、动口，以跃跃欲试的心态参与研读活动。例如教学《曼谷的小象》时，可先让学生边读课文边扮演阿玲，一同来指挥小象。然后采访这些"小阿玲"，这样就能让学生较好地理解文章的内容和阿玲的智慧。教学《寻隐者不遇》，可以让学生互相扮演诗人贾岛和童子，让他们根据古诗内容进行对话，更好地理解文章的内容。

（3）创设想象情境，培养学生的想象能力。教师依据作品语言的描述，或者借助图画、音乐等，激发学生再造出相应的新的形象或场景，能有效提高教学效率。在教《小小的船》时，一位教师用与诗歌融于一体的歌曲《月亮船》和一个美丽、宁静的夜景图创设情境，激发了学生的想象力，从而营造了愉快的学习氛围。教学《我的战友邱少云》时，一位教师配上一段紧张的琵琶乐曲，让学生想象当时邱少云被火烧的情境。这样的情境创造，很快地就把学生带入了那硝烟弥漫的战场，感受到邱少云惊人的毅力和他顾全大局的自我牺牲精神。

（4）创设生活情境，加深学生对课文的理解。教师要引导学生认识、了解作者在文本中所反映的生活，而后才能领略作者在文本中表达的感情。请看《蒲公英》一课的情境创设：教学这一自然段，主要抓住"嘱咐"一词，让学生感悟到太阳公公对小蒲公英种子的关心和爱护。教师让学生联系实际生活：在平时的生活中有没有什么人嘱咐过我们？学生很快就想到了现实生活中的各种情景：天冷了，妈妈嘱咐我多穿些衣服；爸爸嘱咐我过马路时不要闯红灯……学生不仅回忆出了现实生活中的一个个鲜活的事例，同时也学会了用"嘱咐"造句。接着再让学生说一说爸爸妈妈在嘱咐我们这些话时，对我们是怎样的感情（充满期待、充满关爱），最后，让学生带着这种感情朗读太阳公公的嘱咐。这样一来，原先还不能很好感悟这段话的同学，已经能充满感情地朗读了。

（三）机智驾驭语文课堂

阅读教学活动具有复杂性和多变性，课堂上的情况是千变万化的，这就需要教师具有高超的驾驭课堂的能力。在阅读教学中，教师驾驭课堂要注意做到：

（1）认真充分地备课，预设可能出现的种种问题。小学生思维活跃，对任何事物都充满了好奇。他们爱问、爱看、爱想，所以在课堂上会提出各种各样的问题，这就需要教师在备课时，尽可能地预设可能出现的问题，最大限度地避免在授课中遇到的突发问题。

（2）加强课堂教学组织，注意调控语文课堂。在阅读教学中，教师一要注意调控教学内容，对教学内容进行合理布局。对教学中的重点、难点和疑点部分，进行重点指导，对教学内容的非重点、非难点部分，教师就要略讲。二要注意调控课堂教学结构。课堂教学结构要环环相扣，重点突出，容量适度，节奏分明等。三要注意调控课堂教学情感。调控教学情感是组织教学的重要手段。良好的师生关系是实施有效对话的前提条件，也是优化阅读教学过程的可靠保证。因此，教师要努力在语文课堂上建立平等的师生关系，创造良好的课堂教学气氛。要注意及时捕捉有价值的生成性话题，组织学生展开思维的碰撞，提高阅读教学的质量。要善于用自己的情感再现作品中的情感因素，使教师的"情"与作品中的"情"交融相通，更有效地激发出学生的情感体验，使教师情、作品情、学生情融入整个阅读教学中，课堂呈现出温馨的教学气氛。

（3）从容应对，灵活处理课堂偶发事件。小学语文阅读教学，涉及的范围广，接触的事物比较复杂，在教学过程中必然要发生各种各样的情况，有时还不免会出现与教学不相协调的各种因素。课堂不管出现什么偶发事件，教师都应处之淡然，从容应对，运用自己的教育机制，让挑战变为机遇，让意外引发更多的精彩。

（四）优化学生课堂活动

语文是一门实践性很强的学科，阅读教学要注意优化学生的课堂实践活动。在教学策略上主要用学生个体的言语实践来取代教师的讲，用学生自己的体验、感悟和表达来取代教师的见解；在教学操作上，主要是引导学生在琅琅书声中涵泳品味、感悟融通、积淀言语、形成语感等。因此，教师在阅读教学中一要注意设计有意义的课堂实践活动，二要注意留出学生活动的时间和空间，让学生自己去读、去理解、去思考，三要鼓励学生自由表达。常用的学生自主活动方式有：自读、自悟、质疑、讨论、想象、讲演、写练、评价（包括自评和互评）、转换角色（让学生当小导游、小医生、小老师、体验文本角色）等。阅读课教学任务的完成、教学效果的实现，最终都要以学生的变化加以体现。教师在学生的自主活动中，应少一些干涉，多一些方法指导，力求促进学生主动参与，主动获得发展。

四、阅读教学评价策略

（一）以准确、得体的评价诱发学生的学习动机

阅读教学评价要做到实事求是，及时准确。教师应根据学生的表现，客观、准确地指出学生的长处与不足，既对学生表现出色之处给予肯定，同时又有针对性地提醒并纠正学生的错误。如"你读得真有感情，如果能把 × 字的音读准就更好了。""你读得很流利，速度放慢一些就能更好地表达情感了。""你读得很正确，若声音再响亮一点就更好了，能再大声读一遍吗？"正是这些准确得体的评价语言，使学生知道了朗读要做到声音洪亮、快慢适度、读音准确、语言流畅。

清代教育家颜昊先生说："教子十过，不如奖子一长。"花费很多时间和精力去苛求学生，不如用一点心力去发现其优点。上述案例告诉我们，即使批评学生，也可使用语气委婉、充满鼓励的话语，以准确、得体的肯定性评价，去实现评价的激励功能。

（二）以生动、巧妙的评价引导学生深入思考

教师要善于运用自己巧妙、机智的语言来纠正、鼓励学生的回答，并注意情绪导向，如"今天你的表现真出色，只是说得还不够全面，请其他同学帮你补充，好吗？""你能进一步对你的回答做出解释吗？"这种以商量的口吻进行的追问式评价，不但避免了学生的尴尬，维护了他们的自尊，还可以引导学生向较高的思维层次递进，使学生更深刻地对文本进行揣摩分析，将教学内容引向深处。

（三）以亲切、饱含深情的评价深化学生的情感体验

从某种意义上说，阅读课是情感课。充满真情的鼓励性评价会使学生如沐春风。一位教师教学《慈母情深》时，让学生讲讲自己在生活中体验到的母爱，有位男生说："有一天过马路时，我无意间拉起了妈妈的手，发现妈妈的手已经不是那么柔软细滑，而是变得很粗糙。我心里觉得涩涩的，一下子懂得了母亲，懂得了母亲为我是多么操劳！"教师评价说："老师也感动了，没想到在你粗犷的男子汉外表下有这样一颗细腻敏感的心。老师为你感到骄傲。"有时候，一个手势、一个眼神、一个抚摸，都会使学生感到亲切，拉近师生间的距离。当学生声情并茂地朗读完课文，教师会情不自禁地为他鼓掌；当听到学生精彩的发言时，

教师会上前握手表示祝贺；当学生没思考周全时，教师会送上期待、信任的眼神。"亲其师而信其道"，教师通过自身的情绪来鼓励学生，强化了学生的情感体验，凝结成一幅充满爱的画面。

（四）以幽默诙谐的评价，带给学生阅读课的乐趣

幽默是思维的火花、智慧的结晶。幽默诙谐的评价在给学生愉快情绪体验的同时，促使学生深入思考，悟出"笑外之音"，从而起到积极的教育作用。如于永正老师上《小稻秧脱险记》一课时，一位同学朗读把课文中描写杂草的"有气无力"一词读得很重、很响。于老师没有马上指出应该怎么读，而是巧妙地进行指导："我听到你喘气了，但是声音仍然很大。说话的声音这么大能算完了吗？"学生重读一遍，仍未读好。于老师风趣地说："你没有完。要么你的抗毒能力强，要么我的化学除草剂是假冒伪劣产品，我再给你喷洒一点儿。"他还做了个喷洒药水的动作。让学生在轻松愉快的气氛中终于读出了应有的语调。于老师评价道："听了他的朗读，让人感到杂草已经是有气无力了。"于老师诙谐幽默的评价不仅提高了课堂教学语言的品位，而且强化了课堂教学效果。

（五）以新颖、有创意的评价语言，带给学生美的享受

阅读教学教的是美文，教师的评价语言也应力求新颖、独特、有创意。如一位教师用"读得很好，就如大珠小珠落玉盘"来评价学生的朗读，用"君不见黄河之水天上来，奔流到海不复回"来评价思维广阔、回答问题流利的学生，用"竹外桃花三两枝，春江水暖鸭先知"来评价联系生活实际、具有实践精神的回答，这种运用诗歌这一文学手段的评价给学生带来美感。有位教师在教学《庐山的云雾》时评价学生："你只读出庐山云雾的一姿一态""你已读出了庐山云雾的百姿百态""你的朗读让老师看到了庐山云雾的千姿百态和瞬息万变"教师活用文中关键词来点评，不仅具有吸引力和感染力，而且能进一步引领学生体会庐山云雾的特点。

（六）采用多元评价，发挥学生的主体能动性

学生是阅读活动的主体，在阅读教学中，应引导学生积极参与评价。学生自评，可以了解自己理解和朗读的水平，促进学法反思，提高学习兴趣。一位教师在学生朗读后请学生自评，学生说："我认为我读得还是挺有感情的，但声音比较轻。"

教师要求他再读一遍，这一次该生读得又响亮又有感情，赢得了师生的热烈掌声。在自评的基础上，应鼓励学生相互评价，教学中可以开展同桌互评、小组互评及全班范围内对学生进行评价。如"你认为他做得怎样？""好在哪里？""还有哪些要改的，怎么改？""如果是你，应该怎么做？"从而鼓励学生相互促进、相互补充，在互评中求进步，获得发展。

第七章　小学语文口语交际教学实践

第一节　小学语文口语教学原则

　　总的来说，口语交际教学的目的可以这样表述：培养学生以自主、合作、探究的精神和有效地进行人际交流，具体表现为：能够理解和评价说话者传递的言语信息和非言语信息；能够有准备或即兴发表演说，能够有效地参与讨论，能正确地接受、理解、评价和利用媒体信息等。口语交际课程是学生学习社交技巧、沟通方式、成功实现个人的社会化的主要途径。对于学生口语交际能力的培养，教师不能仅仅停留于诸如认真倾听、说话得体、语言流畅等要求上，而是需要进一步深入指导。如关于"讨论"，教师需要指导学生了解如何确定一个话题是否有讨论的必要，如何分析参与讨论者的立场，如何确定讨论的最终目的，如何组织讨论，步骤是什么，等等。要达成提高学生口语交际能力的目标，就要在交际情境中培养口语交际能力，强调互动，注重对交际规则的领会。

一、在口语活动中培养口语交际能力

　　口语交际是一种动口、动脑的活动。《义务教育语文课程标准（2022 年版）》在"教学建议"中说："口语交际能力是现代公民必备的能力。应培养学生倾听、表达和应对的能力，使学生具有文明和谐地进行人际交流的素养。"可见，学习专门、系统的口语交际知识，不是教学的目的，培养实用的口语交际能力，才是教学的价值追求。而能力的培养，不是靠掌握有关知识、揣摩吸纳他人的交际经验就能实现的，唯一正确的途径只能是脚踏实地的实践活动。"活动"是实现口语交际教学价值的途径，是使口语交际教学具有生命力的手段。

当然，教学活动与现实生活中的活动并不完全相同，它同时还是一种学习活动，是两种不同性质的活动的融合。教师设计中需要结合学生生活经历、运用已有知识储备的口语交际活动，使学生在活动中接受口语交际的知识，形成直接体验，养成口语交际的能力。口语交际能力的养成是通过口语活动自行自悟的，而不是通过教师的直接传授和灌输获得的。

除了口语交际课，教师可适当创设课外训练的机会，如班队活动、社团活动等，在各种校园活动和社区活动、公益活动过程中，在参观、访问、进行社会调查等校外实践活动中，都可以进行口语交际。这样既拓展了口语交际课的空间，又有助于学生口语交际能力的提升。

口语交际是以口语交流为凭借的语言活动，为了顺利进行口语交际活动，当然也需要一些非口语手段的辅助。口语交际教学既有口语运用的教学，也有非口语甚至非语言运用的教学，如凭借标志、表情、动作、舞蹈、图画等工具，这也是全面提升学生的口语交际能力和语文素养的重要方式，但口语运用——倾听、表达、交流的教学必须成为核心，占主导地位，如果安排过多非口语运用的教学活动，那就不是口语交际课，甚至不是语文课了。

二、强调交流，在互动中培养口语交际能力

口语交际是在一定的语言情境中相互传递信息、分享信息的过程，是人与人之间交流和沟通的基本手段。口语交际教学应注重培养学生在互动过程中的文明的态度和语言修养。

《义务教育语文课程标准（2022年版）》有关口语交际的总目标是："具有日常口语交际的基本能力，学会倾听、表达与交流，初步学会运用口头语言文明地进行人际沟通和社会交往。"口语交际是人与人之间交换思想、看法、意见，交流经验、成果、情感，或者寻求帮助、交涉事情时所需要的，必须要有交际对象，构成交际关系，形成双向或多向互动才能进行。课堂教学过程中则要创设良好的语言沟通环境，在这样的环境中进行合作与交流，学生间相互启发，在交际中相互学习，在听说中相互补充、评价、启发与促进。因此，教师和学生在教学中要有双重的角色意识，注意角色的转换，师生之间除了构建教与学的双边关系外，师生之间、生生之间还要像在日常口语交际时那样互为对象，构成交际关系，并模拟生活实际双向互动地进行训练，才能体现出口语交际训练的特点，切实锻炼和发展学生的口语交际能力。

我们知道，"交流"包括"单向交流"和"双向交流"。在单向交流中，交流的主动方并没有从交流的接收方那里期望得到反馈或真正得到反馈，而仅仅从自己的角度单方面地进行了表达。如果要达到沟通，使交流快捷并且准确，易于达成，那么，在交流的过程中就必须有反馈，即需要双向交流。在小学阶段，双向交流在低年级学生中易于实现，因为他们对别人的观点有更强烈的想要了解的愿望，也愿意直言不讳地发表自己的观点。但对高年级学生来说，他们更在乎自己在表达后将获得怎样的评价，这时，教师就要巧妙地设计教学活动，使双向交流自然而然地发生。

三、创设情境，培养口语交际能力

学生口语交际能力的养成离不开交际环境。但在学生的学校生活中，多是各学科的课堂学习。这就要求教师尤其是语文教师要在课堂教学过程中，创设恰当的口语交际情境，引导学生逐步提高口语交际能力。我们知道，课堂里的口语交际情境，是在特定环境中进行的，与日常生活中自然的、原生态的交际活动相比，是有区别的。只有经过精心设计，在特定的交际情境中让学生自然而然地参与有目标的口语交际活动中，这样的教学才有效。在创设情境的过程中，要考虑儿童的心理因素与其实际的生活经验。依据儿童好奇心强、愿意动手做的特点，可以创设情境，让他们亲身接触各种事物，即创设的情境要直观、具体、有趣，可直接参与。

口语交际的听说过程是一个不断接收和表达的过程，是从"创设情境"到"自由表达"的过程，也就是学生"接收理解—内化语言—外化表达"的过程。让学生敢于自由表达，乐于自由表达，善于自由表达，教师应该注意以下二点。

首先，气氛和谐。口语交际能力的培养要从兴趣、情感的激发入手。因此，课堂上教师要与学生一起讨论、交流，建立平等、民主、信任、和谐的师生关系；教师要保护好学生的自信心和自尊心，理解和尊重学生的表达方式，要正视学生身上存在的不足，少一些批评，多一些表扬，扫除学生的心理障碍。只有营造这种和谐的交际氛围，才能真正解放学生的思想，培养学生的表现欲，让学生敢于、乐于与人交际。

其次，互动。众所周知，参与交际的人，不仅要认真倾听，听懂对方的交流信息，抓住对方交流信息的要点，而且还要适时接话，谈自己的意见和想法。因此，口语交际是听与说的互动过程，是语言信息的往来交互，语言信息呈双向或多向互动传递状态。口语交际在双向或多向互动中实现语言信息的沟通和交流。我们需要让学生在师生互动、生生互动、共同发展的过程中想说、会说、善说。

最后，综合考虑各种因素。有的教师把口语交际能力狭隘地理解为"听的能力"与"说的能力"，这不利于学生口语交际能力的培养。我们应充分认识到口语交际能力的综合性。口语交际能力的构成因素分为两大类：一类是非智力因素，如交际的兴趣、情趣，听说的仪态、习惯等；另一类是智力因素，如临场应变所表现出来的思维敏捷性，表情达意所表现出来的语言组合的快速性和语言表达的准确性。口语交际能力的综合性的培养决定了口语交际课的教学目标：规范学生的口头语言，提高口语交际能力，培养良好的听说态度和语言习惯。

一定的情境是学生增强生活体验、激发思维与表达的环境条件和动力源，和谐民主的氛围则是学生大胆进行口语交际的前提。所以，教学中一定要根据小学生注意力容易分散、形象思维占优势的特点，依据教学内容，尽量模拟社会生活口语交际的实际创设情境，营造良好的氛围，让学生在轻松愉快的气氛中进行口语交际，无拘无束地表达，这既是口语交际训练的首要环节，也是口语交际训练的重要途径。在教学过程中，创设情境时可从以下几方面考虑。

1. 创设与教学内容有关的情境

教学中，教师对学生进行口语交际训练，不仅要凭借教材内容，更重要的是要丰富教材内容，充实教材内容，这样才能满足生与生、师与生双向互动交流的需要。例如，《可爱的小动物》一课，教师除了根据教材让学生说养过什么小动物、最喜欢哪种小动物以及为什么喜欢以外，还可创设不同小动物的生活情境，让学生观察一种小动物，在课上说说小动物的特点。养过小动物的同学可以向同学介绍自己是怎么养的；没有养过小动物的同学可以采访养过小动物的同学，学习养小动物的经验和有关动物学的知识。

2. 创设与学生生活有关的情境

口语交际是日常的生活交际，是现代社会必备的生活技能。因此，教师应创设多种多样符合学生生活实际的情境，调动学生的生活感知，有效地培养学生的口语交际能力。可设计问路、购物、采访、打电话、礼貌用语、日常用语等多种多样的生活情境，如"购物"还可以设计去"农贸市场买菜"的情境，去"百货商场买玩具"的情境，等等。学生在这些生活情境中进行口语交际，不仅提高了口语交际能力，而且学会了交易和适应市场经济等生活技能，为"学会生存"奠定了基础，可谓一举两得。

3. 创设与社会生活有关的情境

教师可根据时代的主题、社会生活的突发事件或不良现象创设情境，让学生在这些社会生活情境中进行口语交际，这不仅可以提高学生口语交际的能力，还能培养学生健康的情感观、正确的价值观和崇高的人生态度。如利用课件呈现路人随地吐痰的情境，让学生与"吐痰者"对话，让"吐痰者"懂得吐痰与传播疾病的关系。

要充分利用多媒体创设情境，因为利用多媒体创设情境，具有生动、形象、逼真的特点，使人有身临其境之感，学生十分感兴趣。电影、电视、广播等媒体语言对学生口语发展的影响不可低估。要让学生从小学会理解、分析、判断这些媒体传播的信息，选择和利用合适的信息源，逐步培养学生陈述、说明、辩论的能力，培养学生文明地进行人际沟通和社会交往。

四、重视交际过程中交际规则的指导

心理学认为，社会个体极其看重来自其他成员的认同、接纳、交流和尊重，而这一切都无法脱离与口语交际的关系。因此，在具体的口语交际中，学生要学会使用礼貌用语，以满足对方获得尊重的精神需求。除了使用一般的礼貌用语之外，学生还要学会在交际时遵循如下规则：不要将自己的观点强加于人，让听话人自己做出选择；所说的话要得体。与此同时，由于课堂教学中的口语交际是发生在处于同一交际空间内双方（或多方）之间的交际行为，学生在口语交际的过程当中，不论是有意还是无意，脸部的表情、手的动作乃至整个躯体的姿态也会加入交际活动中来，起到交际工具的作用。因此，口语交际教学中教师要适时引导，以指导学生遵循交际过程中的交际规则。

课堂教学中的口语交际，是尽可能在接近生活原态的自然情况下设计的，其目的是培养学生具有日常口语交际的基本能力，在交际活动中，学会倾听、表达与交流，初步学会文明地进行人际沟通和社会交往。因此，除了一些交际规则、过程的指导之外，教师不应该像影视导演那样就交际过程中的话语内容进行具体指导。那么，如何引导学生的口语交际朝着预定的目标行进呢？

教师应当作为合作伙伴参与到口语交际中去，通过自己与学生的交流、互动，推进交际的过程。为了加强示范性，教师除了在全班师生交流中参与交际、适时引导外，还应参与到一些小组中去进行单独辅导；对于进行有效交际的小组，可以推荐到全班，向全体同学展示，以便让学生有一个可以模仿、学习的参照。同时，针对学生在口语交际过程中常常出现的一些错误，诸如语法错误、逻辑不清、表述不当，教师可以在学生讲完之后，再针对出现的问题进行指导，或者请同学补充、订正。

第二节　小学语文口语教学策略

一、教学方法选用的策略

（一）根据教学内容确立教学策略

小学口语交际教学的内容主要来自教材中的课文和学生的生活经历，根据教学内容可确立以下两方面的教学策略：

1.紧密结合教材，采取灵活多样的训练方式

小学语文课本内容丰富，既有介绍历史人物的，又有颂扬现代英雄的；既有描写著名自然景观的，又有蕴含经典人生哲理的；既有展示珍奇动植物的，又有叙述社会科学知识的；既有反映古代劳动人民智慧的，又有描写当代科学技术成果的；还有神话、历史、寓言等各种故事……教者可以根据课文不同类型和不同特点，利用课文的具体内容，进行口语交际演习，如演讲、采访、主持、导游、解释、咨询、建议、编故事、表演、推销、辩论等。教师可针对性地激发学生交际欲望，丰富学生交际生活，提高口语交际实效。如教描写风景的课文就可以安排学生到校园中去欣赏景色、做户外游戏等，使其真正有感而发。回到教室后再进行课文评议和即兴赋诗等多种形式的口语训练。

2.利用学生生活，开展广泛的口语交际训练

（1）利用家庭生活。家庭生活是学生生活的重要组成部分，也是进行口语交际训练的拓展途径之一。因此，家庭生活的方方面面会成为口语交际教学的重要内容。由于学生在交际时，教师无法亲临现场指导，这就要求家长积极配合老师，督促学生进行口语交际，并采取一定措施保证口语交际的落实。如在"三八"妇女节时，安排学生回家为妈妈或奶奶做一件事，并说说妈妈或奶奶的感受及自

己的感受。回校后，再安排几个小记者在班上进行采访，并让小记者把采访到的内容进行整理，写一份总结。

（2）利用社会生活。小学生虽然尚未涉足社会，对社会热点问题认识不深，但他们也喜欢谈论社会上的热点话题。因此可就一些社会热点问题组织学生搜集信息资料，展开深层次的讨论，同时也有利于增强学生对社会的使命感。

（二）根据教学对象确立教学策略

1.人人参与，点面结合

口语交际能力是在口语交际实践中发展的，口语交际教学应做到让每个人都有话可说，每个人都有机会说话。"人人参与"是提高每个学生口语交际能力的保证，而乐于参与本身就是口语交际教学的目标之一。"人人参与"包括参与活动、参与倾听、参与表达、参与交流。要做到"人人参与"，就必须实行"点面结合"的组织形式。"点"主要起示范、启发、引导作用，"面"则是给每一个同学创造参与的机会，要将个别活动、小组活动和全班性活动结合起来。比如续编故事，可以先让每个同学思考如何续编故事，再选一个代表在全班试编一段，然后让每个同学在小组里说说自己续编的故事，再从小组里挑选编得好、讲得好的同学在全班展示、交流；也可以先让同学在小组里合作编故事，再挑选有代表性的小组在全班展示、交流，然后组与组之间互相学习。指名在全班进行单独展示，或者挑选小组在全班展示，数量不宜太多，否则大部分同学将变成被动的听众，缺少主动参与的机会。

2.因材施教，区别对待

口语交际教学中，要重点关注那些性格内向、自信心不足的同学，要注意给他们创造参与的机会，让他们多做一些力所能及的事，逐步增强自信心；也要关注那些口语表达能力强、好表现但不喜欢合作的同学，不要让他们"霸占"了太多的机会，让他们学会谦让、协调和互相帮助，要强化关注每一个学生的意识。

3.循序渐进，逐步提出

不同学段的学生在年龄特点和心理发育水平上不同，因此，对不同学段的学生须采用不同的口语交际形式，根据言语实际，制定话题要求。《义务教育语文课程标准（2022年版）》对低、中、高各学段的口语交际提出了具体的循序渐进的要求：学讲普通话—能用普通话交谈—注意语言美；认真倾听、努力了解内容—认真听、不理解地向人请教、与人商讨—听后抓重点，简要转述；较完整地讲述—清楚明白地讲述并谈感受—表达有条理，语气语调适当；敢于表达—具体生动讲述—根据对象、场合作简单即席发言。可以看出对第三学段学生的要求明显提升，这就要求教师应根据该学段学生的心理特点、年龄特点以及当地学生的言语实际（如方言土语），合理地利用话题资源，满足不同学生学习和发展的需要；同一学段的学生在口语交际能力发展水平不可能统一，因此教师对于统一学段，但层次参差不齐的学生也应有针对性地进行不同的训练，让每个学生感受到训练的乐趣。总之，口语交际教学应根据教学对象的具体情况采取不同的教学内容和形式。

（三）根据教学情境确立教学策略

口语交际教学应创设与现实情况相类似的真实事件、问题、任务或情境，让学习者进行真正的交际活动，从而在真实的活动中感受、体验，获取直接经验，自我建构知识。可见，创设情境是培养口语交际能力的本质方式。依据教学内容可以把教学情境分为课文情境、活动情境和生活情境三类。

1. 课文情境

在教学中，教材所提供的情境是口语交际训练的重要途径，教学中教师可以采用下列教学策略。

（1）立足课文，描述画面。阅读教材中有许多插图，直观形象，生动有趣，能激发学生观察、联想和说话的兴趣。这些插图不仅浓缩了课文内容，而且将观察方法、思维训练隐含其中，可引导学生观察图画进行语言描述，从而主动参与课文情境的创设。

（2）凭借文字，复述内容。复述是学生用自己的语言和课文中学过的主要语句，将课文的情境有条理、有重点地表述出来的一种教学形式，也是进行口语训练的一种重要方法和途径。复述要在学生理解和记忆教材内容的基础上进行，让他们把所读课文的内容加以整理，有中心、有条理、有感情地复述出来。教师根据教材内容、题材特点和学生的实际情况，确定复述的要求，可利用形象的图画、直观的板书等，启发学生的思维，帮助学生回忆内容，从而降低复述的难度。复述的形式可以是多种多样的，例如可以将课文复述给家长听，将叙事的文章编成小故事，在班上举行故事会、表演会等。

（3）发挥想象，续编故事。有些课文的结尾虽言尽而意未了，这样就可以引导学生发挥个性，充分想象。如《狼和小羊》一文，结尾写道"狼不想再争辩了，龇着牙，向小羊扑去。"善良的孩子们可不想小羊就这样被狼吃掉，对这样的课文情境不满意。于是老师让学生分组讨论，展开丰富的想象，给课文续编了种种结尾。有的说："正在这危急时刻，一头来喝水的大象看到了，伸出长长的有力的鼻子，一下把狼卷到半空中摔死了。"有的说："一位猎人看到了，举起猎枪，一枪就把狼打死了。"有的说："小刺猬滚成了小刺球，使劲儿地扎狼的爪子，狼只好忍痛逃走了。"学生续编故事，还应指导他们求新求异，敢于说出自己的想法。

2. 活动情境

活动是小学生喜闻乐见的形式，教师要根据儿童的心理特征，精心设计和组织各种有趣的活动，使学生在活动中锻炼口语交际能力。教师可让学生在课堂上玩玩游戏、做做实验，在活动中学生通过看看摸摸、动手做做、演演玩玩和说说，极大增强对口语交际课的兴趣。如组织"钉扣子""盲人击鼓""贴鼻子""画嘴巴"等游戏，要求学生按先后顺序说说活动的经过、结果及自己的感受。又如组织手工剪、贴、画活动，由教师提供几个简单的图形或符号，让学生通过手工剪、贴、画后，再向同学们介绍自己所经历的过程及其内容。有了之前活动的引导，随后的讨论交流学生的热情也随之高涨。

3. 生活情境

（1）模拟场景。口语交际课的最终目的是让学生从课堂走到社会的交际天地中去，教师可在课堂上以准确生动的语言，描述生活中出现的种种情况，模拟出生活中的交际情境，让学生有话可说、有兴趣说。如模拟一场家庭风波的场景，然后再提出"如果这样的家庭风波发生在你的身边，你有什么想法？"学生的思想即刻被带动，能结合自己的体会踊跃地发表自己的看法。

（2）直接参与。口语交际训练除了学校课堂活动，教师还应组织学生走出学校，深入社会大舞台，让学生与社会上各种各样的人接触、交流，丰富学生的交际语言，让学生在活动中学习，在实践中切实提高口语交际能力。可组织的活动很多，例如组织学生去企事业单位参观；组织学生拜访社会成功人士，如公司董事长、先进工作者等；组织学生到社区居民中开展调查；组织学生到社区居民中宣传节能知识；组织学生开展服务活动，到商场帮售货员为顾客介绍产品，到车站当服务员为旅客服务；组织学生回归大自然，到田野、到果园，观山、评水、看草、说木。通过这样的体验活动，使学生深入生活、接触社会，为学生口语交际提供丰富的情景及展现交际才华的舞台。

二、教学过程优化的策略

（一）处理教材的策略

小学口语交际教学首先不能离开现有的教材文本。要充分利用课文资源，并采用直观形象、生动活泼的教法，使学生饶有兴趣地主动地投入口语交际的训练中去。

1. 借助课文插图画面

低、中年级的教材中每一篇课文都配有一两幅色彩鲜艳、形象生动的图画，这些图画直观性非常强，常能唤起学生的观察、联想和说话的兴趣。在教学《小小的船》中"我在小小的船里坐，只看见闪闪的星星蓝蓝的天。"这句话时，可指导学生展开想象：如果自己到宇宙旅行，将会看到什么，是不是"只看到闪闪的星星和蓝蓝的天"？学生打开思维的闸门，张开想象的翅膀，说出自己可能看到"宇宙飞船""外星人""人造卫星"等，然后让学生与它们交谈。这不仅激发了学生的想象和思维，而且有效地进行了口语交际训练；又如《自己去吧》一课，文中配有两幅形象生动的插图，教学时我们可以在学生熟读课文的基础上，让学生做小鸭、小鸭妈妈和小鹰、小鹰妈妈的头饰，同桌两人或全班分角色表演。在这中间，教师可巧妙地运用清晰、生动、形象化的言语把学生带入一个特殊的情境，这不仅可以唤起学生的想象，也为其想象做出了榜样，起到潜移默化的作用。

2. 凭借教材的"空白处"

在很多文章中，作者往往为了表现的需要，常常运用"留白"的艺术，把一些内容留给读者自己。在教学时，如果教师能充分利用好这些"空白"，让学生展开想象的翅膀自由驰骋，对感悟文章主题会有极大的促进，进而在想中、说中自然也提高了学生口语交际的能力。如《李时珍夜宿古寺》一课中李时珍说："但我们修订好《本草》，让万民得福，吃点苦也是值得的。"老师由此提出问题："李时珍为了修订《本草》让万民得福，吃了哪些苦呢？"在这个问题的引导下，学生很自然地把课文和自己的生活实际联系了起来，激活深埋于脑海中的种种生活场景，大家都想说、愿说，在交流过程中也更深地体会到课文"李时珍为造福万民不怕吃苦"这一主题。又如一年级的教材《小松鼠找花生》最后一段中的"是谁把花生摘走了呢？"教师就可以让学生围绕"是谁把花生摘走了呢？"展开讨论，通过师生、生生、群体互动，得出结论。

3. 利用教材的延伸点

教材是我们学习的一种载体、媒介，在课堂上我们更多的是要利用教材提供的范例，进行延伸、扩展。如《爷爷和小树》这篇课文，第二、三段分别写了冬天，爷爷给小树穿衣；夏天，小树给爷爷撑伞。那么，春天、秋天爷爷和小树之间又会发生些什么呢？又如《小熊住山洞》，最后写森林里的小动物都很感激小熊一家。这里就可以展开口语交际训练，想想森林里会有哪些动物呀？会跟熊爸爸、小熊说些什么呢？在想象说话的基础上，戴上头饰进行表演。学生在和不同的角色交际中，既锻炼了与别人交际的能力，也学会了文明礼貌，知道与不同的对象说话时所用的称呼也是不一样的。

（二）创设情境的策略

口语交际是以交际为核心，在特定的环境里产生的言语活动。离开了特定的环境，言语交际活动就无法进行。口语交际教学中的交际是对实际生活的一种模拟，要达到交际目的，必须精心创设符合生活实际的交际情境，使学生有身临其境之感，激发交际的冲动，激发表达的欲望。交际情境的创设依赖于丰富的表情、动作、画面、声音等营造出来的生活化场景。

1. 实物创设情境

它包括观察各种实物标本、进行实验实习、组织教学性参观等。如《推销购物活动》中学生把自己带来的物品作为将要推销的产品，自然而然的进入交流角色。在讲《小兔运南瓜》一课时，教师抱着沉重的南瓜走进教室，同学们的积极性迅速高涨，当老师请同学们想办法"怎样不费力地让南瓜再回到办公室"时，孩子们立刻进入到情境中，认真思考并踊跃发表自己的看法。

2. 物象创设情境

这是运用实际事物的各种模拟形象来进行的。它包括教师自制的课件、自拍的录像、影视片段、教学挂图等图像，也包括学生自制的剪贴画、拼图、绘画等，这些图像可以强烈地刺激学生的视觉和听觉器官，唤起他们的生活体验，让他们想说、乐说、有话可说。如口语交际课《介绍家乡的景物》，就可以利用多媒体创设情境，播放几处家乡美景的录像，极大地调动学生的热情和积极性。

3. 语言创设情境

教师运用有声语言及体态语，绘声绘色勾画出生动的情境，启迪学生想象，营造轻松和谐的交际氛围，让学生无拘无束地参与口语交际。《发现朋友有了缺点，该怎么办》一课，上课开始，教师描述这样一个情境：我有一位好朋友，他勤奋好学，各项活动总是出类拔萃，从不轻易犯错误，可是他做了错事，总不承认，爱撒谎，你们说该怎么办呢？学生一听要帮老师解决问题，思维活跃，纷纷说出许多见解，这样一下子就进入了问题情境，学生产生了积极的交流欲望。

4. 表演创设情境

小学生天性好动好玩。表演既符合学生的年龄特点，又能让学生进入交际情境，妙趣横生的表演会成为学生无拘无束表达的动力。在教学看图说话《小鸭子得救了》时，让学生分别戴头饰表演提着水桶的小熊、扛着竹竿的小猴、长鼻子大象救助小鸭子。这样创设情境，步步引人入胜，紧紧抓住了学生的好奇心，使学生如临其境，观察、思维、想象和表达能力都能得到最充分的发展。

创设口语交际情境还必须注意以下几点：情境创设必须具有交际性；情境创设必须贴近学生生活；情境创设必须激发学生内需。只有发自内心的交往需求，才有可能产生富有实效的口语交际活动。因此交际情境的创设尤其应当在引发学生交际需要方面下功夫。

总之，口语交际教学应创设情境，激发学生交际的欲望。利用各种方式巧妙地创设有利于学生口语交际的情境，提高学生的实际交际能力，在情境中练习，在情境中发展。

（三）教学评价的策略

评价是一种常用的反馈方式，也是一种重要的调控手段。在口语交际教学中恰当地运用评价手段，不仅能够及时掌握课堂教学的现状与教学目标之间的差距以便补救，还能营造良好的学习氛围，激发学生参与交际的热情，培养学生良好的个性品质。所以，选择有效的评价策略，拓宽评价的视野，对上好口语交际课尤为重要。

1. 评价反馈的方式

口语交际教学以双向或者多向互动为特点，评价反馈的方式也应是多种多样的。教学中应综合运用师评、生评、自评、他评、互评（师生或生生）等多种方式。比如，口语交际课中常有的一个教学环节——学生上台展示，有的老师紧跟着就让下面的学生评价；有的老师却不着急，而是先让展示的同学自评或者互评，再让下面的学生评价，从而把更多的评价时间和发言机会留给学生，把评价的权利还给学生，使他们真正成为评价的主体、发展的主体。

2. 评价反馈的要求

口语交际教学的评价和反馈要紧紧围绕教学目标，渗透三个维度。不仅要关注语言，也要关注非语言的因素。在语言方面，不仅要借助评价激活学生语言储备，规范学生口头用语，还要借助评价培养学生言语的得体性和应变性；在非语言因素方面，要把交往态度、习惯、方法、沟通能力、处事能力等也置于评价的视野中。只有这样，才能保证口语交际教学沿着正确的方向进行，才能保证全面完成口语交际课教学的任务。

课堂教学是一个动态的变化发展过程，它不可能完全按照教学预设进行，作为组织者的教师必须随时加强调控，以积极的评价促进口语交际的不断深入。

（1）评价主体的自主性。评价是一种自主参与、平等交往的过程，强调评价者和被评价者的互动。教师必须做有心人，让评价主体自主参与、关心学习过程，形成相互关注、相互改进、相互学习的氛围。在教学中，无论是小组交流还是大组汇报，教师都需要提醒学生仔细倾听，听完之后及时地对他人的观点进行评价。教师要让学生聆听、判断、感悟、表达，并组织学生自我评价、互相评价，让学生去发现、分析、论证。让学生积极地参与课堂评价，促使学生渐渐学会彼此尊重、彼此理解、彼此欣赏。

（2）评价语言的丰富性。教师要注意自己的评价语言，使语言具有丰富、多样的特点。丰富的语言对学生继续提高口语交际能力是非常重要的。所以要不断地以积极、宽容的态度来肯定学生取得的成绩，从而增强学生的自信心。教师要善于发现学生的优点并加以肯定，对存在的问题要用委婉的语气以建议的形式提出，让学生知道努力的方向。

教师的评价语言必须体现在对成功范例的引导上，尤其是对处于弱势状态的学生，应鼓励他每一次的进步。换句话说，教师既要防止一味对班内"亮点"的反复润色以使其失去范例的有效作用，又要充分尊重每个学生的所思、所想、所说，让口语交际训练落到实处。

第八章　小学语文写作教学实践

第一节　小学语文写作教学概述

一、小学写作教学的基本理念

（一）从"写话"起步，突出练笔的性质

学生的作文是一种习作，是初步掌握书面表达能力的练笔。"课标"将传统的"作文"教学按学段分别称作"写话""习作"，其实是为了消除学生学习作文的畏难情绪，树立学生写好作文的信心。同时，让教师明确各学段的不同要求以及中小学生写作的性质是练笔。第一学段的"写话"，相关表述的是"对写话有兴趣"，把重点放在培养他们的写作兴趣上，让他们乐于表达。

第二、三学段的"习作"，写什么样的体裁，"课标"不像以往的大纲那样强调写记叙文、应用文，而是提出了"能写简单的纪实作文和想象作文，能写读书笔记、书信等"目标要求，意在淡化文体意识，减轻学生在习作方面的心理压力，激发写作兴趣，为他们"能把自己的见闻、感受和想象写出来"提供更广阔的空间。其实，这个目标中既包括了简单的记叙文和常用的应用文的训练，也包括了简单的说明文、议论文的初步训练。

"课标"从内容到形式都降低了"篇"的要求，它应成为习作指导、批改、讲评的新尺度。"条理"与"篇幅"要求降低是基于练笔的性质和学生实际能力而提出的。隐去"有中心""思想健康"，也是为了使小学生乐于动笔、自由表达，减轻学生写作上的压力和对写作的畏惧感，无拘无束地写他们的所见、所思、

所感。"课标"主张教师在写作教学中多给学生一些自由和开放，尽可能减少对他们写作的束缚和限制。

（二）顺乎自然，强调学生作文兴趣和自信心的培养

《义务教育语文课程标准（2022年版）》明确指出，学生要"对写话有兴趣"，要"乐于书面表达，增强习作的自信心"，要"愿意将自己的习作读给他人听，与他人分享习作的快乐"。尽人皆知，兴趣是最好的老师，兴趣是作文最重要的内驱力。我国老一辈的语文教育家，对于激发学生的写作兴趣和动机，有过大量精彩的论述。例如，认为作文"最好是让学生自己出题目"，教师命题的首要条件便是"要能引起学生的兴趣"。主张对学生作文的内容和形式不加以限制，顺其自然，让学生写自己平时喜欢写的东西，这样学生当然会乐于去写。让他们在写作实践中逐渐产生这样一种感觉：我想写，我要写，我能写。

（三）自我发现，强调求真求新意识的培养

《义务教育语文课程标准（2022年版）》指出："写自己想说的话，写想象中的事物，写出自己对周围事物的认识和感想。"（第一学段）"能不拘于形式地写下见闻、感受和想象，注意表现自己觉得新奇有趣的或印象最深、最受感动的内容。"（第二学段）"养成留心观察周围事物的习惯，有意识地丰富自己的见闻，珍视个人的独特感受……能写简单的纪实作文和想象作文……感情真实。"

从上述规定可以看出，《义务教育语文课程标准（2022年版）》十分强调在写作教学中培养学生求真求新的思想意识。

1."求真"——让学生"写自己想说的话，要感情真挚"

老一辈语文学家曾经指出，作文"要写出诚实的、自己的话"，作文最重要的原则是"有话必说，无话不说，说须心口如一，不能说谎"，写出童真、童趣、童语。

对于学生来说，写作是他们精神生活的一部分。他们在作文中创造并表述真善美，鞭挞假恶丑。他们也在作文中不断审视自己，校正自己精神的航向，使自己的精神健康发展。作文是学生的精神家园，是他们人生的"史记"。因此，在作文中说真话、抒真情，是学习做"真人"的一种历练。

2."求新"——让学生"写出有个性、有创意的文章"

不造假只是对作文最起码的要求，写出不同于别人的新想法、新感受、新发现，写出有个性、有创意的文字，才是作文的关键所在。对于这一点，在国际上都已经达成了共识。1996年，国际21世纪教育委员会的报告《教育——财富蕴藏其中》指出："教育的任务是毫无例外地使所有人的创造才能、创造潜能，都能结出丰硕的果实，这一目标比其他所有的目标都重要。"

当前，学生作文模式化较重，缺乏创造性的想象力。

想象是头脑中改造旧表象、创造新形象的心理过程。当展开想象时，记忆中的表象由模糊变得清晰、由单薄变为厚重，新形象随着旧表象的改造而不断生成。鲁迅先生说："孩子是可以敬服的，他常常想到星月以上的境界，想到地面以下的情形，想到花卉的用处，想到昆虫的语言，他想飞上天空，他想潜入蚁穴。"学生的想象之鸟一旦高飞，脑海中就会浮现新颖、生动的意象。学生每经过这样一次作文，想象力便得到一次提升，生命体验便得到一次拓展，创新的萌芽便会又一次破土而出。

为了培养学生的想象力，不妨从两方面入手。一是培养学生丰富的情感。情感在想象中如同炼钢炉中的熊熊烈火，没有它就不会有高温，也就熔炼不出优质的合金。二是要有丰富的记忆表象储藏。这种记忆表象就是想象的原料，它一旦与作者的情感相融合，就会生成鲜活的意象，而这些正是作文所必需的。如果学生的感情爆发力强，而记忆表象又丰富多彩，其想象力必然强，作文创新能力也随之增强。

（四）立足根本，重视良好的写作习惯的培养

要从根本上提高学生的写作水平，必须培养学生良好的写作习惯。培养学生良好的写作习惯应包括以下内容：

1. 热爱生活，养成留心观察周围事物的习惯

学生作文的难点，主要是无话可写或言之无物，所以，教师要有步骤地培养学生的观察能力，使他们养成勤于观察的习惯。

《义务教育语文课程标准（2022年版）》强调："在写作教学中，应注重培养观察、思考、表现、评价的能力。"

生活是写作的源泉，儿童作文同样离不开生活。世界对于儿童来说，是一个新奇、富有魅力的天地。通过观察，生活中那些鲜明生动的形象就像一幅幅图画，会永久地保留在儿童的记忆里，成为他们日后写作素材的宝库。

2. 课外阅读的习惯

阅读是写作的基础，要提高写作水平，必须扩大阅读量。古人所谓"读书破万卷，下笔如有神"是不无道理的。

《义务教育语文课程标准（2022 年版）》还要求学生"广泛阅读各种类型的读物"。"各种类型的读物"意即范围广，包括报纸、杂志、科技书籍、历史书籍、地理书籍等。《义务教育语文课程标准（2022 年版）》的这一要求表明，学生不仅要学会阅读常见的文学样式，而且要学习阅读包括新闻、广告、知识性读物、科技类读物等不同体裁的文章。

从第三学段起，学生开始进入阅读的高峰期，到第四学段学生的阅读总量更需要成倍地增长。

以课外阅读总量为例，第一学段为"不少于 5 万字"；第二学段为"不少于40 万字"；第三学段增至"不少于100 万字"；第四学段增加到"不少于260 万字"，并要求"每学年阅读两三部名著"。

以"部"为量词的著作，通常指长篇小说。其字数多在三五十万字到一百多万字之间。"每学年阅读两三部名著"，意味着每年增加 100—150 万字的课外阅读量。

设定"九年课外阅读总量应在 400 万字以上"的目标，其目的就是要加厚、加宽学生的人文底蕴。

3. 勤于动笔的习惯

它包括两个方面：一是勤于摘抄，积累习作素材，形成搜集写作材料的习惯；二是勤于写作，即及时将自己在学习、生活中的所见、所闻、所思、所感随手记录下来，久而久之，养成写日记或随笔的习惯。为此，教师应做好以下两个方面的工作：

（1）指导写读书笔记。要求学生根据自己的需要，做不同形式的笔记。学生在自己的书上做读书笔记则可灵活些，即可采用圈点和评注。这对学生的写作有明显的帮助。例如，有的学生搜集了各种文章开头和结尾的方法，从中找出了规律性的内容，在自己写文章时，便改变了以前单调的写作手法。

（2）指导学生课外写作。在各班成立写作兴趣小组，在全校范围内成立文学社，培养写作尖子。利用课外活动时间，给他们上写作辅导课。对习作尖子提出更高的要求，可以让他们担任小老师，带动全体同学。教师应定期抽查学生的课外习作，课外习作包括读书心得、评论、观察日记等。抽查后给予适当指导并传阅优秀习作。

4. 勇于发言的习惯

长期以来，在语文教学中，人们大多都比较重视"写"的训练，却不同程度地忽视了"说"的训练。其实，"嘴巴"和"笔杆"是相互促进的。因此，教师必须有意识地鼓励学生勇于发言，养成他们敢于表达、畅所欲言的好习惯。

教师应通过持续地培养学生"说"的兴趣，逐步提高他们的说话技巧。引导他们从写发言提纲到积极发言；从课前即兴演讲到课后写演讲稿；从讲故事到编故事；从课内外讨论到撰写小论文，从而使"说"与"写"互相促进，同步发展。

5. 修改自己习作的习惯

叶圣陶先生指出："能不能把古来的传统变一变，让学生处于主动的地位呢？假如着重培养学生自改的能力，教师只给引导和指导，该怎么做由学生自己去考虑决定，学生不就处于主动地位了吗？养成自我修改作文的能力，这是终身受用的。"

《义务教育语文课程标准（2022年版）》高度重视作文修改，明确提出："养成修改自己作文的习惯。修改时能借助语感和语法修辞常识，做到文从字顺。能与他人交流写作心得，到互相评改作文，以分享感受，交流见解。"

教师要有计划、有步骤地培养学生自改作文的能力，要求学生哪怕写一句话、一个便条，写完后都要读一读，有不妥之处当即修改。由句到段到篇，由选材到遣词造句到布局谋篇，一点一滴地学习怎样修改，渐渐养成成文后必读、必改的习惯。交给老师的习作，是改过的，是自己已经觉得不需要再改的。培养学生自改作文的能力，让学生在写作实践中掌握写作技巧，在自我修改和相互修改的过程中提高写作能力。学生自改作文的形式是相对于过去写作教学中教师闭门批改的传统形式而言的，学生自改作文的形式包括学生自己独立修改、学生之间相互评改以及在教师指导下学生自改和相互评改。学生能自改作文，养成良好的修改习惯，对培养学生的写作能力、提高写作教学质量有着十分重要的意义。

二、小学写作教学的内容

小学阶段的写作教学内容分两个阶段：1—2年级为"写话"教学，3—6年级为"习作"教学。

（一）写话教学（1—2年级）

教学生写自己想说的话，写想象中的事物，写身边的事物。

1.编童话

低年级儿童好幻想，他们是借助想象和幻想来理解、研究、解释他们生活的世界的。童话的基本特征也是幻想，于是两者"一拍即合"。利用童话对小学生进行写话训练可采取多种形式：

① 听童话，写童话，即由教师先讲一个童话，再让学生接着编。

② 看图画，编童话。

③ 看实物，编童话，如观察文具盒，编一个童话。

④ 联系生活编童话，如班上大多数同学爱护公物，但也有人用刀刻桌面，针对这种情况，老师指导学生编《桌子和椅子的对话》，赞扬爱护公物的行为。

⑤ 结合课文编童话。编童话的这种训练形式，能激发学生听、说、写的兴趣，为以后写好纪实的文章打好基础。编写中还可加入学过的生字，培养学生遣词造句的能力。

2.看图说话、写话

看图说话、写话是培养学生观察能力、思维能力、想象能力的有效手段。从一年级开始，从看一幅图到连续看几幅图，从看图说一句话到说几句话，再到说一段连贯的话，然后逐步过渡到根据图画内容编故事。

（1）看图说话。教学中一般有"选图""看图""说图"三个环节。首先选好图。要有健康的思想内容，还有一定的艺术性，画面鲜明，故事性强，能引起学生的兴趣。其次是看图。要指导学生看清图，看不清图就说不好图。看图的目的要明确，一是要学生看这幅图要达到什么要求，心中要有数。二是要有重点。例如，一幅图的人物较多，要分辨主次，找出主要人物进行重点观察，观察主要人物的动作、神态、服饰，想象人物的内心活动。三是注意方法。观察事物要有一定的顺序，可由整体到部分，再由部分到整体，也可由上到下，从左到右地观察。有顺序、有条理地看，说起话来才有条理。最后是说图。要说得有头有尾，顺序清楚，内容完整，有重点。说话要口齿清楚，声音要响亮，有感情。

（2）看图写话。在大多数学生会说的基础上再训练写话。写话就是"拿笔说话"，变"口语"为"笔语"。在仔细观察、合理想象的基础上，把观察和想象的内容梳理一下，厘清先写什么，再写什么，最后写什么。确定哪些内容详写，哪些内容略写，要有顺序地把事情写清楚，写得具体，语句要通顺。第一次写话，要讲清书写格式，并严格要求，培养学生良好的书写习惯。

3.写观察日记

观察日记，是对日常生活进行经常性的细致观察所作的记录，是一种有效地训练观察能力、分析能力和语言文字表达能力的方式，也是观察事物写话的好形式。生活中的事物，比图画更生动更真实，也更能吸引学生，激发起他们观察的兴趣。

在指导学生写观察日记的过程中，教师要激发学生观察的兴趣，培养观察习惯。教师要引导学生：一是注意观察；二是仔细观察；三是对观察到的现象进行思考。教师还要教给学生观察的方法，如运用比较的方法，运用多种感官去了解事物，有可能的话去摸摸、闻闻、尝尝，还可以通过联想和想象去丰富观察的感受。其他各年段也可以进行写观察日记的训练，但不同年级应有不同的要求。

（二）写作教学（3—6年级）

突出练笔的性质，进行常见的应用文、简单的纪实作文和想象作文的训练。

1.课内素描

到了小学中高年级，学生的观察能力迅速发展，有目的、持续、细致观察的能力都有较大的增强。中高年级是学生观察力发展的最佳时期。所以，素描就成为了最佳的作文训练形式。所谓素描训练就是以观察实物作为途径，以片段和简单的篇章形式，将描写与记叙结合起来（即运用"白描"手法）反映周围生活的记叙文训练。

课内素描可分为静物素描和叙事素描两种。静物素描是在课堂上指导学生对人或物进行某些片段的描写，如人物、小动物、房间陈设、大自然的一角等，进行观察并习作。叙事素描是在课堂上指导学生对某些事件进行叙述，如让一个学生表演"修理课桌椅"，然后大家把事情记录下来。素描训练可分步进行，先以观察室内静物为主，注意观察顺序和观察重点，再扩大观察的范围，从室内到室外，由静到动，从颜色、形状、大小到发展变化，从看、听、想多方面写动态片段，最后观察人物的外貌和动作。对静态事物可分部分进行观察，对动态事物可按其活动过程分阶段观察。

2.想象作文

想象作文不以写实为主，而是以想象为主。学生根据自己的生活经验和通过阅读、观赏影视获得的知识，驰骋想象，虚构情节，进行写作。例如《假如卖火柴的女孩来到我们中间》《假如我当校长》《当我二十岁的时候》《我在森林里迷了路》《遨游海底》……这一类作文题，为孩子们开拓了广阔的创造性思维活动的天地。想象作文可以结合范文学习进行，也可以与课外阅读结合起来，还可以单独进行训练。

3. 应用文练习

课程标准要求小学中高年级的学生会写书信、便条、读书笔记、日记等应用文。这是为了使小学生能够适应学习、生活和今后工作的需要。

每种应用文都有固定的格式，语言简明，有很强的实用性。因此，在教学中要联系应用文的内容，使学生懂得为什么必须按规定的格式来写。应用文重在"用"，应联系实际，让学生多练，在练中掌握格式，在练中懂得写应用文的意义。

第二节　作文素材的积累与选择

学生通过书面文字表达情意，要突破的第一关就是有的可写，即有素材。对学生而言，最主要的积累素材的途径无外乎观察生活和阅读。观察，不仅是学生获取作文题材的重要途径，也是他们认识世界的重要通道。在指导学生作文时，教师要在观察上下功夫，激发学生的观察兴趣，培养学生的观察能力。指导他们观察日常生活，观察社会，观察大自然，观察周围的人，使之发现其中闪光的东西。只有这样，学生在观察中接触了实际，掌握了一手材料，他们才会感到有话可说，在观察思考中对生活有了认识，他们才会有话想说，才能谈到有话会说乃至说好。随着学生的成长，他们在日常生活和学校的学习过程中，不断丰富着相关的经验和体会，对于特定的话题，因其认知能力和道德发展的特点，可能会有许多内容可写，在这种情况下，怎么选择、选择什么，就是一个重要问题了。

一、通过观察积累素材

（一）观察与体验有机融合

观察是人们认识客观世界的一项感知活动，是一个由直接感觉、思维和记忆组成的复杂认识过程。这个过程需要体验的介入。所谓体验，就是通过实践来认识周围的事物，也就是亲身经历的意思。俄国著名作家冈察洛夫曾说过："我只能写我体验过的东西，我思考过和感觉过的东西，我爱过的东西，我清楚地看见过和知道的东西……总而言之，我写我自己的生活和与之常在一起的东西。"体验对于观察的深入有着直接的影响。体验可以帮助观察深入一步，观察又可以帮助体验变得丰富起来。因此要"将观察与体验有意识地结合起来"。怎样才能将二者有机结合呢？第一，在观察生活的时候，努力把自己加进去；第二，在体验生活的时候，要努力做好深入观察。把自己加进去，通过耳闻目睹和亲身感受，写出自己的所见所闻、所思所想。

在写的过程中，要力求准确地描述出自己观察体验的具体过程。当然，这不是指事无巨细地把过程都记下来，但对于引起体验的重要细节要力求具体地记下来。可以直接记叙体验的过程，也可以将观察与体验结合起来写，还可以在写景描情的字里行间渗透自己的体验，又可以借景抒情把自己的体验传达给读者。

案例指引一：人物表情描写练习

师：同学们，我们人的面部表情可谓是奇妙无穷。回去让大家收集描写面部表情的词语，不知大家收集得如何？请汇报一下。

生：微笑、大笑、苦笑、笑哈哈、皮笑肉不笑、笑容可掬……

师：哎呀，全是笑啊？不过也不错，这告诉我们单单是笑就丰富无比，谁再来？

生：目瞪口呆、呆若木鸡、面如土色、喜笑颜开、喜上眉梢、愁眉苦脸、泪流满面、惊慌失措、咬牙切齿……

师：好厉害，全是4个字的啊！谁再来说说，2个字的、3个字的都行。

生：生气、瞪眼睛、乐哈哈、舒眉、做鬼脸、面无表情、严肃、严厉……

师：瞧！这么多的词，都是用来描写我们的表情的，下面我们就请几个同学来演一演你们收集到的表情词，然后大家来描写。

生：我给大家表演"回头一笑"（学生背向大家，向前走两步，一回头眼睛眨两下，微微一笑，表演得很滑稽，把大家都逗笑了）

师：好，刚才这位同学表演得很棒，真是大方、可爱。现在请大家写出这个形象，然后读一读。

师：写得真好，很仔细，谁再来表演一个？

生：生1表演受到惊吓后的表情。生2表演哈哈大笑。生3表演自高自大、轻蔑。生4表演斗鸡眼、得意洋洋、惊慌失措、趾高气扬、呆若木鸡。

（学生描写略）

师：刚才大家都写了同学们的表演，句式为"人＋表情＋动作＋环境"，现在请大家变化顺序，而且可以多个人合起来写，即"多个人＋多种表情＋环境＋动作等"，自己定句子的顺序。

学生常常觉得作文没什么可写的，可这一课堂片段却告诉我们，其实可写的内容很多，教师要善于挖掘生活中的素材，为学生创造条件，使他们有内容可写。

在这个案例中，学生现场表演、观察，现场写作。学生描写自己刚刚经历的事情，并且是群体的同时经历，这样写起来新鲜、有趣，而且可以反复比较写得是否准确。"瞧！这么多的词，都是用来描写我们的表情的，下面我们就请几个同学来演一演你们收集到的表情词，然后大家来描写"。教师巧妙地给学生设置了一个表演、观察的机会。孩子们表演得有趣，观察得认真，而且每个人的体验是不同的，即使都在观察同一个人的"回头一笑"，有人体会到了"羞答答"，有人体会到了"很灿烂"，每个人的既有生活经验的不同，面对同一对象的感受也会不同，如果每个人都把自己的观察和独特的感受表达出来，一定会感染或感动更多的人。

在这一案例中，教师指导学生通过不同句式的变换，把眼前所观察到的事物较准确地表达出来，并且尽可能地使句子多样、灵活，这就体现出既要帮学生有的写，又要告诉学生怎么写。

一般来说，在指导学生进行课外观察时，教师要注意引导学生观察自然——注意日月星辰的变化，留心山川河流的形态，观察风霜雨雪的景象，了解鸟兽虫鱼的习性，注意花草树木的生长；引导学生观察社会生活——了解家乡日新月异的变化，参观工厂，访问农家；观察学校生活——注意学校开展的活动，大到开学典礼、运动会，小到主题班会、同学课堂发言；观察家庭生活——留心家里今天来了什么客人，爸爸又买了什么新电器，妈妈又添了什么新衣服，家里人的言谈举止……

观察是一项复杂的活动，不能只用眼睛，要眼、耳、口、手、脑并用，在观察的同时要养成分析的习惯，做生活中的有心人。

（二）扩大观察的范围

我们知道，人是不能孤立生存的，人和自然、人和人之间有着千丝万缕的联系，因此，对人的观察，不能只局限于观察特定的对象，应将眼界放宽到这个人生存的整个环境。也就是说，一方面要仔细观察这个人和其他人的关系；另一方面，还要注意这个人与其他事物的联系。只有将所有的相关方面都了解清楚了，我们才能较全面地了解一个人，才有可写的内容。

教师在指导学生观察人物时，常常强调要学生先抓住人物的主要特点，特别是人物突出的外貌来观察，比如长相体态、衣着打扮等，这没有错。但仅有这些还不够，还要注意观察与我们确定的主要对象相关的一切人和事物。另外，在表现观察结果的时候，不仅要包括对确实见到的现象的描绘，而且还要包括对其心理的解释。因为我们观察的目的，不仅仅是描写人的外部动作和行为，而且要了解人的心理活动，即从外表出发来探寻心理的意义。一般而言，从一个人的行为表现，就可以了解他的心理活动。在表达的时候，首先记录下行为表现，然后对其做出"解释"。

要观察、了解一个人，就要着重了解他的内心世界。观察一个人的所作所为，观察他这样做的缘由，观察他是不是乐意这样做。只有多角度、多侧面、多层次的观察，才会使人物性格丰富实在，给人以立体感。

（三）注意顺序、方位，强调变化

在观察对象的时候，要注意以下几个方面：确定观察点；注意观察的顺序、方位以及观察对象的变化。

在观察活动中，无论在我们面前展现的是多么复杂的景物或场面，先要确定观察点。观察较大范围的景物或某处景物的全貌，要把观察点定在高处，从上向下俯视，使人视野开阔，下面的景物可以尽收眼底、一览无余。对视野范围内景物分布的层次，各种景物之间的关系也都能一目了然。

在观察景物时需要注意观察的先后顺序。站在高处，俯视下面的景物，有时可以先放眼远望，看清远处景物的轮廓和形态，然后，由远及近，一个层次一个层次地看清楚。远近处景物的布局、形态，以及一些细节都要有重点地观察，观察时目的一定要明确，重点要突出，观察活动要按一定的顺序有步骤地进行。在表达时，就可以既有远处的景物做宏大开阔的背景，又有近处的景物做细致的描绘。

在观察景物时还要注意观察方位的转换。观察者回一回头，转一转身，眼前的景物就会随之发生变化，观察者的视野也会不同。根据习惯，可以按照东、西、南、北的顺序进行观察。

另外，观察时比较关键的是能抓住景物的特征。能否抓住景物的特征，关键在于作者能否抓住观察对象的独特之处进行细心观察。这就要求在观察过程中善于抓住变化，比如不同季节、不同地区、不同时间里景物呈现出来的颜色、形态、声响、气味等方面的变化，还要善于通过眼、耳、鼻、舌、身等去综合感知。这样才能抓住景物的特征，进而加以描写，为此，需要注意：一要注意不同季节的特征，一年有四季，季节的变化会引起景物的变化，每个季节的景物都有各自的特征；二要注意时间变化的特征，有的景物在不同的时间往往各有特征；三要注意气候的特征，同一景物在雨、风、雾、雪中所展现的景观是不同的；四要注意不同的地理特征，不同的地域有着各自不同的景物特征。

二、与阅读教学有机结合，准备素材

《义务教育语文课程标准（2022年版）》明确指出"写作教学应抓住取材、立意、构思、起草、加工等环节，指导学生在写作实践中学会写作"，强调"要重视写作教学与阅读教学、口语交际教学之间的联系"。如何抓住写作过程中的关键环节，如何与阅读、口语交际教学相联系，提高写作教学的有效性，这是每个语文教师一直在探索的问题。在这里，我们仅仅围绕取材这一环节做较为深入的讨论。

案例指引二：礼物

下面呈现的是一位教师的教学设计。关于"礼物"的习作教学，一共是两课时，第一课时是习作指导，第二课时是习作讲评。

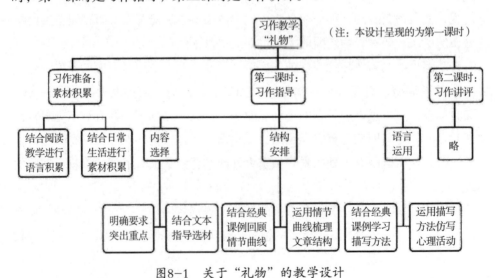

图8-1　关于"礼物"的教学设计

我们可以看出，在引导学生准备习作素材的过程中，该教师要整体把握教材，有通盘考虑，将写作教学与阅读教学、课外活动等有机结合。"礼物"这篇习作出现在北师大版义务教育语文教科书五年级上册第九单元的《笔下生花》中。第九单元以"礼物"为主题，编排了两篇主体课文《献你一束花》《微笑》，三篇拓展课文《礼物》《奇怪的圣诞包裹》《千里送鹅毛》。

因此，教师的教学策略一是课前积累，建立"礼物素材库"。在第九单元学习之初，教师就组织学生建立自己的礼物素材库。一边学习课文的选材，一边从生活中积累自己的素材。等到一个单元学习结束后，他们素材库中的内容就会很充实了。在课前教师还组织进行一次语文综合活动：设计别出心裁的礼物，在节日或者特殊的日子里赠送给你想赠送的人。

第二个教学策略是课上指导，筛选礼物素材。这里的课上指导是指教师关注阅读课上的指导，教师有意识地结合文本，指导学生选材。课文是学习选材的好例子，在阅读教学的过程中，教师要有意引导学生品味每篇课文选材的独特之处，帮助学生筛选"礼物素材"。教师引导学生认识到，礼物可以是有形的（自行车、泥土等），也可以是无形的（微笑）；可以是普通的，也可以是独特的。礼物是什么并不重要，重要的是礼物背后蕴含的动人的情感。让学生知道，要选择出真实、感人的习作素材，就要找到其独特之处。

关于写作素材的选择，夏丏尊、叶圣陶先生在《国文百八课》中早就有深入浅出的阐述，可以给我们以启发："记叙是以事物为题材的，一个人每天看到的有很多，听到的或想到的更是不计其数，这许多事物是否都是记叙的题材？换句话说，选取题材该凭什么作为标准？"

文章和言语一样，写文章给人看，等于和别人谈话。我们和别人谈话，如果老是说一些对方早已知道的东西或事情，那就毫无意义，听的人一定会厌倦。

平凡的、人人皆知的事物，不能作为记叙的题材。实际上，作者也不会毫无意义地把任何平凡的事物写成文章。作者有兴致写某种事物，必然是因为其值得写给大家看，能使读者感到新奇的意味。

事物的新奇的意味，可分两方面来说。一是事物本身的不平凡，如远地的景物、风俗，奇巧的制作，国家的大事，英雄、名人的事迹等等，这些当然值得写。二是事物本身是平凡的，但是作者对于这平凡的事物却发现了一种新的意味，这也值得写。从来记叙文的题材不外乎这两种。其实，除应用文以外，一切文章的题材也就是这两种。

本身不平凡的事物，实际不常有，普通人在一生中未必常能碰到。我们日常所经历的无非是平凡的事物，可是平凡的事物含有无限的方面或内容，如果能好好观察、细细体会，随时可以发掘到新的意味，这新的意味就是文章的题材。

新的意味是记叙文的题材的生命。事物的新的意味，要观察、体会才能发现。所以，观察、体会的修炼是写记叙文的基本功夫。

三、打开思路，选择更为恰当的素材

在作文过程中，学生遇到的问题大约有两类：一是不知道说什么；二是不知道怎样说更好。对于无话可说的学生，教师要引导他们思考，找到与习作话题相关的内容；对于想把话说得更好的学生，教师则要引导他们学会判断，选择更为恰当的材料。

第三节　小学语文写作教学策略

一、写作教学目标制订的策略

小学3—6年级由1—2年级的写话过渡到写作阶段，其中3—4年级为第二学段，5—6年级为第三学段，小学第二、三学段的写作教学目标分别如下：

第二学段（3—4年级）"写作"，着重练习写片段，不拘于文体，甚至不必成文，鼓励其自由地写下见闻、感受和想象。同时提出用简短的书信、便条进行书面交际的要求。

第三学段（5—6年级）篇章训练阶段，继续写作，要求能写出简单的纪实作文和想象文，学写读书笔记和常见应用文。

根据小学第二、三学段写作教学目标，3—6年级写作教学的主要任务有以下三个方面：

（一）掌握片段的写作技能

掌握片段的写作技能，这是中年级作文教学在特定阶段应完成的特定任务。

段，在结构上具有特殊性。段，上接词句，下接篇章，是句群的连缀，是篇章的组件。结构好的段，本身就是一个完整的篇章。作文教学的其他形式，不过是在段的训练基础上的延伸和变化而已。

因此，段，不仅是一种局部性的训练手段，而且是为作文教学的终极目标服务的。抓住段的训练，就是抓住了儿童作文的基础，把握了学生学作文的过程。教学中，教师要引导学生热爱生活，熟悉了解生活，提高学生迅速、准确地确定写作内容的能力。训练学生掌握构段的基本规律，培养学生用准确的语言表达思想，具备较灵活地写一段话的能力，做到内容比较具体、条理比较清楚。

（二）为篇章训练作铺垫

为把学习语文和认识事物相结合，把发展语言和发展思维相结合，使学生的观察、思维、理解、表达等能力都得到提高，实现语文基本功训练的整体优化，教材有步骤地安排了一系列的读写训练重点。小学中年级围绕段的训练安排项目，高年级围绕篇的训练安排项目。小学中年级前期注重与低年级衔接，侧重安排词句方面的训练项目；小学中年级后期注重与高年级衔接，开始安排篇的训练内容。教学中，一定要把握住小学中年级是一个过渡阶段的特点，既要延伸低年级听、说、读、写的训练，又要为高年级作文教学做一些起步工作。教学中要有超前意识，要坚持向前看，不要向后退。所谓超前意识，就是要在搞好本阶段重点训练项目的基础上，根据学生的年龄特点、接受能力以及已有的知识水平，适当地渗透一些下一阶段的重点训练内容，为篇的训练做好铺垫。比如说，在抓好中年级段的训练时，要训练学生写一些简单的记叙文、应用文。同时，不放弃低年级"词句"的训练，做到"立足于段，着眼于篇"。或者说，回头看词句，抬头看篇章，将作文训练作为一个整体链条，环环紧扣，达到训练的整体性。

（三）促进知识向能力转化

知识和能力是互相联系、互相促进的。知识的掌握是发展能力的基础，而能力的发展又是获得知识的前提。小学中年级作文教学要怎样促进知识向能力不断转化，可以从以下两方面着手：

（1）合理地安排训练的内容和步骤，让学生主动地获取知识，自觉地培养能力。要从小学作文教学的全局出发，根据儿童的年龄特点、身心发展水平，按照不同类型的作文在传授知识和培养能力上的不同要求进行安排，由浅入深，由易到难，循序渐进，为学生的"知能"训练创造条件。

（2）实现知识向能力的转化，要加强知识在实践中的运用。一般来说，实现知识向能力的转化，有一个认知的发展过程，即"获取知识—熟练地掌握知识—实践中消化运用知识"。比如，小学语文第六册基础训练6的作文练习内容是学写书信，学生学习了写书信的知识，在此基础上，要引导学生把学到的知识运用到平时，经过多次地反复训练，逐步形成能力。

二、写作教学方法选用的策略

（一）整体性写作教学实验

整体性写作教学是在"注音识字，提前读写"的改革实验基础上提出来的。实验者主张小学一年级完成了拼音教学，让小学生掌握了"汉语拼音"之后，立即进行写作教学。由于这种实验打破了传统的"字—词—句—段—篇"的语文教学模式，沿着"篇章—段落—句子—词语"的顺序，从写作的整体发展上提高学生的写作能力，所以称之为"整体性写作训练"。实验者借助"汉语拼音"的工具性作用，让小学生边读书、边识字、边写作，提前起步，在多读多写中发展思维，发展语言。对小学生的写作，他们主张"先求完整，后求发展"，在"不完整"之中求得"完整"，有了相对的"完整"，再进一步追求发展和提高。

1. 主要做法

学生掌握了汉语拼音之后，先用汉语拼音代替汉字进行写作训练，然后过渡到拼音夹汉字（即以拼音为主），再过渡到汉字夹拼音（即以汉字为主），最后过渡到全用汉字。在写作教学的过程中，教师要同时坚持两个原则：第一，从读中学写，以读促写，读写结合的原则；第二，先仿写后创写，由"仿中有创"到"独立写作"的原则。

实验者把"整体性写作训练"分为三个阶段。

（1）起步阶段。首先要学生熟练地掌握汉语拼音，达到能直呼音节，想到一个音节就能写出来，由此开始写作。在写作中，教师让学生先口述，再口述变为笔述。同时，一开始写作就要求学生写有头有尾、有中心的文章（从整体性出发），并且注意教给学生一些最简单最基本的写作方法。

（2）发展阶段。这个阶段主要设在二、三年级，依然坚持从整体性出发，先求完整再求扩展。在起步阶段让学生写有头、有尾、有中心的文章，达到一二百字即可，在发展阶段要达到能写内容比较充实的四五百字的文章。在写作教学过程中，教师一定要启发学生解放思想，围绕中心写"放胆文"（大胆地写），同时坚持让学生从读中学写，一定要有例文，让例文引路，仿中有创。在具体指导中，教师还要引导学生逐渐掌握写好一篇文章的方法和步骤，让他们熟悉审题立意、选材组材的方法，掌握常见的文章开头、结尾、过渡和照应的方法，掌握简单的应用文的写法。

（3）提高阶段。这个阶段设在四、五年级，主要突出培养学生独立写作、快速写作的能力。这个阶段，教师要全面指导学生，让他们进一步懂得写什么、怎么写，让他们明确什么样的文章才算是好文章，使他们不仅能写一般性的记叙文，而且能写较为复杂的记叙文和应用文。

2. 主要特点

（1）起步早。由于汉语拼音教学一结束就开始进行写作训练，所以写作教学起步时间早。一般普通五年制的教学班要到三年级才连段成篇，而"整体性写作教学"要提前两年。这样做（训练早），容易引起学生的写作兴趣，收效也大。

（2）起点高。学生一开始动笔就要写有头、有尾、有中心的短文，学会搭好文章的架子，起点自然要高。这样做，更能促使学生认真学习课文（因为一、二年级的语文课文也是短文），先求完整，后求扩展。

（3）实用性强。"整体性写作教学"能够紧密结合儿童的实际生活，把他们看到的、听到的、想到的事情写出来，促使他们用写作来叙事，反映问题，说明情况，表达思想感情。

（4）训练力度大。采取"整体性写作教学"，不仅促使学生写的篇数多，用字数量大，而且强化了训练质量，容易养成学生多观察、多思考、多动笔的习惯。

黑龙江省的"整体性写作训练"实践取得了明显的成绩。我们认为取得成绩的原因在于：第一，充分发挥了"汉语拼音"的工具作用，抓住了儿童发展语言的关键时间，激发了他们的学习欲望，适应了儿童语言发展的要求和规律；第二，有效地利用了阅读，发挥了"以读促写""以写促读"这种"读写结合"的作用，打开了学生的视野，扩大了他们的生活领域、知识范围，增强了学生的"主体意识"；第三，符合儿童生活的实际需要（因为他们也有表达的要求），适应他们的学习要求，从而激发了他们写作的积极性，加速了写作能力的提升。

（二）读写结合法写作教学实验

广东省潮州市六联小学的特级教师丁有宽，以《小学语文读写结合法》《小学生记叙文读写学习法》两本专著，总结了他独特的教学体系。他针对传统语文教学模糊（不确定）的弊病，提出了一套新的"有的""有序""有点""有法"的教学方法，使"读写结合"有了确定的形态。

1. 有的

丁有宽老师对小学语文教材的记叙文进行了分析归纳，分解出记叙文含有读写规律的"五十法"，如"记事四法""状物五法""写人八法""开头五法""结尾五法""构段八法""构篇五法"等。这样"杂中求精"，有法可循，先进行单项训练，后进行综合训练，扎扎实实地打好基础。

2. 有序

丁有宽老师提出了"读写结合五步系列训练"。

第一步（一年级）：以字为重点，在读写上主要是练好一句"四素俱全"（时间、地点、人物、事件）的话，以此作为训练写记叙文的起点。

第二步（二年级）：以词句为重点，在读写上从段着眼，从句入手，主要是练好丁有宽老师总结的几种句群，特别是连续、递进、概括与具体、总分、并列式句群，也训练主从、点面、因果、转折式的句群。

第三步（三年级）：培养学生初读、略读、精读的能力，使他们养成读书习惯；在读写上以句段为基础，从篇着眼，从段入手，重点练习"构段八法"，兼及"开头五法""结尾五法"。"构段八法"：连续、递进、先概括后具体或先具体后概括、先总后分或先分后总、先点后面或先面后点、先记叙后抒情或先抒情后记叙、先概括后记叙抒情、对比。"开头五法"：交代"四要素"（时间、地点、人物、事件）、开门见山、提出问题、描写引入、抒发感情。"结尾五法"：事情结果、点明主题、展示未来、抒发感情、描写。

第四步（四年级）：以篇章为重点，在读写上着重训练"构篇五法"，兼及"记事四法""状物五法""写人八法"。"构篇五法"：审题、立意、选材、组材、修改。"记事四法"：事序、时序、地序、以事为主的综合时序和地序。"状物五法"：景色、建筑物、植物、动物、场面。"写人八法"：外貌、语言、行为、心理、综合描写、以一件事表现人、以几件事表现人、以品质表现人。

第五步（五年级）：在读写上主要采用综合训练，以培养学生"自学自得""自作自改"的能力为重点，最终达到全面提高学生语文能力的目的。

3.有点

丁有宽老师设计了读写训练三百个题目（包括单项的和综合的），分散到三年级至五年级，精讲多练。此外，采用三种"教法"：

（1）一文中突出一个重点，要求当堂做到"五会"——会理解，会复述，会背诵，会运用，会品评。

（2）一文多次教、多次练，一次一个重点，力求掌握文章的特点。

（3）"组文教法"——以一篇带几篇，通过读书、观察、写作和再读书、再观察、再写作，使学生读写能力得到提高。

4.有法

（1）学解题，练审题和拟题。

（2）学归纳中心，练怎样表现中心。

（3）学分段和概括段意，练拟写提纲。

（4）学区别文章的主次，练怎样安排详略。

（5）学捕捉重点段，练怎样安排详略。

（6）学品评课文，练自改写作。

（7）学作者观察事物，练观察方法。

丁有宽老师取消了专门的写作课，把写作训练融于阅读教学中，以读学写，以写促读，读写结合，让读写同步发展。

（三）情境写作教学实验

江苏南通师范第二附属小学特级教师李吉林，吸取了我国古代文论中有关"情""境"的理论，又借鉴了当代西方有关"启发"的教学理论，在全国首次提出了情境教学的主张。

李吉林老师认为观察是情境写作教学的前提和基础，还十分重视培养学生的观察能力。她主张要提高小学生的写作能力，必须首先引导他们去认识周围的世界。因为认识周围的世界是知识与思想的最初发源地，是永不枯竭的源头。她把自己的第一轮试验称之为"观察情境教写作"，可见其对观察的重视。她看到在一定的情境中，儿童作为观察者，不仅要观察客观事物，而且要"观察"（体验）自身情感的变化。儿童观察一定情境，在头脑中形成的表象不是客观事物的简单再现，已经初具概括性的特点，同时又蒙上了一层感情色彩，所以，她认为"观察情境应当特别注意客体（客观事物）的意境和主体（观察者）的情致"。她强调在观察中要把外在"境"与内在的"情"联系起来。

在情境写作教学的实际操作过程中，李吉林老师主张把情境教学与儿童的语言发展紧密结合起来。因为具体的语言离不开一定的情境，在一定的情境之中会产生语言表达的动机，提供表达的材料。她的具体做法是：

（1）教师创设情境，让学生描述画面，以发展学生的独自语言。

（2）让学生体验情境，扮演角色，以发展学生的对话语言。

（3）把学生带入一定情境，使他们把自己的观察与思考结合起来，以发展学生的内部语言。

（4）促使学生深入情境，强化自己的感受，以发展学生的书面语言。

情境写作教学一直扣住"情境"二字，又注重语言的发展。实验证明，在一定情境里儿童会产生"情不自禁"的心理冲动，而在"情不自禁"之下又会产生"脱口而出"的语言表达需要，甚至产生具有儿童情趣的美妙的语言，如此发展学生的语言，也就提高了学生的写作能力。

此外，李吉林老师还把情境写作教学与审美教育结合起来，注重发掘课文与一定情境中的审美价值，有针对性地对学生进行审美教育。她从低年级开始，就在写作教学中引导学生不断感受美、鉴赏美、用语言表现美。显然，这对培养学生审美判断力和创造美的能力，形成健康的审美情趣和审美观，促进学生身心和谐发展起着十分重要的作用。

（四）"童话引路"的"写作起步"实验

湖南省凤凰县箭道坪小学的滕昭蓉老师曾进行"童话引路"实验——在使用全国统编的小学语文课本的同时，针对小学一年级至三年级学生的心理特点，使用了"童话引路"的补充教材，让学生听童话、读童话、说童话、写童话。这项"写作起步"实验，并不排斥写一般记叙文，它主要探索小学生的"写作起步"问题。

1.具体做法

（1）教授两套工具。

①拼音工具——改拼读法为直呼法，让学生掌握四百个音节，能用拼音写话。

②识字工具——教会学生查字典，扩大识字量，先拼音夹汉字，再汉字夹拼音，最后全用汉字。

（2）采用七种写童话的形式。

①听童话，写童话。

②看图画，编童话。

③看实物，编童话。

④联系生活实际编童话。

⑤结合课文编童话。

⑥按提纲编童话。

⑦提供开头编童话。

（3）处理好四种关系。

①处理好写与听、说、读的关系。写好童话要以多听、多说、多读童话为前提。为此，滕昭蓉老师为低年级一学期编一册补充教材，一册选四十篇左右的童话，并且篇篇注上拼音。

②处理好写童话与写一般记叙文的关系。由于"童话引路"的目的是提高学生写作的兴趣，发展他们的语言表达能力，使他们写好一般记叙文，所以要处理好写童话与写记叙文的双线训练关系。例如，一年级时以写童话为主，同时也写观察日记；三年级时写童话与写记叙文的训练量大体相当。此外，还要把写一般记叙文的要求渗入到写童话的训练中，把写童话展开想象的特点融进写记叙文的训练之中。

③处理好大胆想象与生活常理的关系。既让学生自由驰骋想象，又要注意符合生活常理，使"物性"与"人性"统一起来。

④处理好模仿与创造的关系。由模仿开始，逐渐增加创造成分，以达到能独立写作。

2. 可行性分析

以"童话引路"作为小学生"写作起步"的实验是可行的，因为它符合儿童心理发展的特点。

（1）儿童好奇，好幻想，而童话的基本特征在于幻想，"童话引路"能发挥儿童的心理特点，引起儿童写作的兴趣。特别是儿童的思维常常"视物为人"，赋予"物性"以"人性"，这恰好与童话的拟人特点合拍。正因为如此，让小学生的写作从听童话、说童话、读童话、写童话起步，能把他们导入"人造"的写作境地。

（2）中低年级的学龄儿童，虽然现实感增强了，但是仍然有比较丰富的幻想，用"童话引路"训练中低年级学龄儿童的写作，可以使他们的思维和想象得到充分的开发，发挥他们特定学龄阶段的潜在能力。

（3）童话是用儿童语言创作的，儿童不但易于接受，而且易于掌握，"童话引路"有利于训练他们的语言，能使他们尽快地发展自己的内部语言、口语和书面语言，同时也具有促进他们认识语言表达上的规范性和生动形象的特点。

滕昭蓉老师的实验证明，如果能充分考虑到学生的心理特征，就能最大限度地调动他们的积极性。实验也表明，"童话引路"是一种起步早、新形式、见效快，能让听、说、读、写同步进行，让学生视写作为乐事的"写作起步"的思路。

（五）素描写作教学实验

素描写作一向为中外写作教学所重视。叶圣陶先生早在20世纪30年代就提出"教学生多作小幅素描"（《论写作教学》）的意见。我国当代素描写作教学的首倡和推动者是上海师范大学教科所的吴立岗老师，他还出版了《小学写作素描教学》专著。

如果说"童话引路"是针对小学中低学龄段学生提出来的，那么，"素描写作"则是专门针对小学中年级学生提出来的。中年级是过渡阶段，划入命题写作训练阶段则要求过高，划入写话训练阶段则要求偏低，因此，中年级做素描写作最好。

小学写作素描训练，以观察实物为途径，以片段和简短的篇章为形式，是一种将叙述与描写结合起来反映周围社会生活的记叙文训练，它有助于促进学生认识周围世界，培养他们的观察力和思维能力以及语言表达功力。

1. 三、四年级素描教学的内容

三年级：进行静物，小动物，房间陈设，大自然的一角，人物的外貌、动作、对话等素描训练，培养学生的观察能力和想象能力，着重于片段的写作——掌握段的结构形式和写作技能。

四年级：进行叙事素描和命题素描训练，记叙自己的生活和社会生活的简单经历，培养学生抓中心和突出重点的写作能力，由写片段向写篇章过渡。

2. 素描教学指导

（1）大体的指导步骤。

① 讲清楚要求。

② 观察实物或进行演示。

③ 讨论观察所得，进行重点指导。

④ 借鉴范文。

⑤ 理清思路，列出提纲

⑥ 口头写作。

⑦ 书面写作。其中有的步骤可以省略。

（2）指导原则。

① 认识第一，构思第二，即先要指导学生观察、感受、理解素描对象，然后再指导构思。

② 要求明确，同中有异，即明确要求学生用不同方法观察同一对象，或从不同角度思考同一过程，或从不同侧面对同一内容展开想象和联想，或用不同语言描绘同一对象。

③ 从扶到放，循序渐进，即从集体观察过渡到独立观察，从作前指导过渡到作后指导。

3. 素描训练的讲评

（1）坚持当堂讲评：一般是十分钟观察指导，二十分钟写作，剩余时间进行交流讲评。

（2）学生当天修改：教师讲评后，学生当天要修改，以落实讲评要求，巩固练习成果。

（六）按言语交际需要的写作教学实验

由中央教科所潘自由老师首倡，江苏徐州于永正、湖北黄石赵班胜等部分地区的老师进行了按言语交际需要改革写作教学的实验。

实验是基于言语实际需要考虑的，因为这一需要存在于社会生活的各个领域、各个层次，是多方面的。就言语表达而言，有三种情况：

（1）自己需要告诉别人一些什么，于是产生了主动表达的需要。

（2）别人需要向自己了解一些什么，自己要告诉对方，于是产生了半被动的表达。这种"半被动"中含有"主动"因素，因为自己知道多少可以告诉多少，不知道的可以先不说，甚至告诉对方时可以有所选择，采用不同的方法。

（3）传达或转达别人一些什么，如应别人之托传达别人的意思，接受某项任务而转达别人的意思或原话，代别人表达，这属于完全被动的表达。

训练采用的内容，有具体叙述的，也有概括叙述的；采用的文体方式，有记叙文的，也有应用文的和说明文的。因而，根据实际言语交际的需要，可以灵活的训练学生记叙、描写、说明、抒情、议论几种表达方式。

在训练的方式方法上，实验者主张要尽可能为学生创设言语实际交际的情境，把写作训练视为现实言语交际的活动，即让学生的写作有目的、有对象，说了或写了之后有一定的用处。

这一实验突破了传统的为写作而写作的框子，走出了一条像实践练兵一样的新路子。例如，针对具体人的来信写回信，在参观或游览之前写通知，参观或游览之后说明参观或游览的路线，向没有参观或游览的同学做介绍，写心得感受，向亲朋介绍学校，介绍某个人的先进事迹，转述班主任或校领导的讲话，还有打电话、买东西、问路、挂号看病，当导游，主持会议，即席讲话，听报告做记录等等，都密切结合了言语交际的实际需要。

第九章　小学语文综合性学习教学实践

为了实践语文课程的四个基本理念，《义务教育语文课程标准（2022 年版）》提出了"语文综合性学习"的目标，将"综合性学习"与"识字与写字""阅读""写作""口语交际"并列，共同组成了语文学习内容的五大板块。"综合性学习"作为独具特色的领域，首次成为我国语文课程体系的有机构成，被公认为我国当前语文课程改革的一大亮点。

第一节　小学语文综合性学习的目标和理念

语文综合性学习是以语文课程的整合为基点，加深语文课程与其他课程的联系，强调语文学习与生活的结合，以促进学生语文素养的整体推进和协调发展的学习活动。其目的是为学生构建开放的学习环境，为学生提供多渠道、多层面的实践机会，培养学生的创新精神和实践能力，促进学生语文素养的整体提高和协调发展。

一、语文综合性学习的内涵与特点

语文综合性学习是一种新型的学习方式，《义务教育语文课程标准（2022年版）》指出："综合性学习主要体现为语文知识的综合运用、听说读写能力的整体发展、语文课程与其他课程的沟通、书本学习与生活实践的紧密结合。"这种学习方式重在学科内外的联系，重在学习过程，注重激发学生的创造潜能，较好地整合知识和能力，尤其有利于在实践中培养学生的观察感受能力、综合表达能力、人际交往能力、搜集信息能力、组织筹划能力、互助合作和团队精神，有利于学生形成独立的人格，提高其生存的能力。

综合性学习主要有以下几方面特点：

1. 综合性

综合性学习是一种带有综合性质的学习方式。它是识字与写字、阅读、写作和口语交际这四个方面的学习内容和目标的综合；是知识与能力、过程与方法、情感态度与价值观这三个维度的教学目标的综合；是多种学习方式的综合，包括书本学习与实践活动的综合、接受学习和探究学习的综合、课内学习和课外学习的综合。

2. 实践性

综合性学习以活动为主要形式，是一种在实践中学习语文、运用语文的学习方式。综合性学习的过程是一个实践的过程，它强调学生的亲身参与和实践体验。实践既是改变语文学习方式的要求，也是培养学生创新精神和实践能力的基本途径。

3. 自主性

自主性表现为综合性学习过程中学生主体地位的充分发挥。在综合性学习过程中"学什么"和"怎么学"的问题均是由学生自主解决或在教师指导下自主解决，学生既是综合性学习的决策者，又是综合性学习的实施者。

4. 开放性

开放性主要表现为内容的多样性。综合性学习的内容来源于学生的整个世界，包括自然、生活、社会等方方面面，真正体现出语文与生活、语文与社会的结合。

5. 探究性

综合性学习的内容之一，是学生在教师的指导下自主确定研究专题进行探究的学习活动。在整个活动过程中，探究什么的课题需要研究，课题研究如何进行也需要研究，解决课题本身的一些问题更需要研究，因为综合性学习的专题研究过程就是探究的过程。没有自主探究就没有实质意义上的学习方式转变，也就谈不上实践能力的培养。

二、小学语文综合性学习的目标

（一）综合性学习总目标

《义务教育语文课程标准（2022 年版）》规定，语文综合性学习的总目标为：能主动进行探究性学习；在实践中学习、运用语文；初步具备搜集和处理信息的能力。

（二）综合性学习阶段目标

阶段目标中，分三个学段对小学语文综合性学习提出了基本要求：

1. 第一学段（1—2 年级）

（1）对周围事物有好奇心，就感兴趣的内容提出问题，结合课内外阅读进行共同讨论。

（2）结合语文学习，观察大自然，能用口头或图文等方式表达自己的观察所得。

（3）热心参加校园、社区活动，能结合活动，用口头或图文等方式来表达自己的见闻和想法。

2. 第二学段（3—4 年级）

（1）能提出学习和生活中的问题，有目的地搜集资料，共同讨论。

（2）结合语文学习，观察大自然，观察社会，能用书面或口头的方式表达自己的观察所得。

（3）能在教师的指导下组织有趣味的语文活动，能在活动中学习语文，学会合作。

（4）在家庭生活、学校生活中，能尝试运用语文知识和能力解决简单问题。

2. 第三学段（5—6 年级）

（1）为解决与学习和生活相关的问题，利用、网络等信息渠道猎取资料，尝试简单的写作。

（2）策划容易的和社会活动，对所策划的主题举行研究和分析，学写活动方案和。

（3）对自己身边的、大家共同关注的问题，或、电影中的故事和形象，组织研究、专题演讲，学习分辨是非、善恶、美丑。

（三）综合性目标的重点

从以上三个学段的阶段目标可以看出，综合性学习特别重视学生对所学内容的实际运用，特别注重学习的过程及学生的实践和体验，它的目标定位与传统上的语文教学目标既有一定的联系，又有较大地差异。总体看来，小学语文综合性学习目标强调以下几点：

1. 强调学生获得亲自参与的积极体验

开展综合性学习，学生的实践和亲身体验是第一位的。目标中用大量的行为性很强的词，如"观察""搜集""策划""运用""组织"等，强调学生必须具有实践行为。学生只有参与了这些具体的行为，才能产生具体的体验，才能逐步形成一种在日常学习和生活中喜爱质疑、乐于探究、努力求知的心理倾向，激发探索和创新的积极欲望。

2. 强调学生学会分享与合作

合作的意识和能力，是现代人应具备的基本素质。综合性学习强调共同讨论，强调在活动中学会合作，其目的是着力于提供一个有利于人际沟通与合作的良好空间，使学生在学习活动中学会合作、学会分享。

3. 强调综合运用

上述目标体现了识字与写字、阅读、写作、口语交际的结合，体现了知识与能力、过程与方法、情感态度与价值观的整合，体现了学习方式的综合，体现了语文学科与其他学科、语文学习与生活的联系。综合性学习的过程是综合运用语文知识和能力的过程，是相关学科知识和能力迁移运用的过程，同时也是各种学习方式综合运用的过程。

4. 综合性学习强调探究，注重过程

学生对周围事物有好奇心，产生探究的兴趣，产生问题意识，这是进行综合性学习的前提和基础。上述目标强调了学生对周围事物有好奇心，能提出学习和生活中的问题，并学习搜集资料、进行探究，努力解决问题，同时，上述目标一般不指向某种知识或能力的达成度，而是提出一些学习的活动及要求，主要指向过程。因此，综合性学习主要不在于学生掌握多少知识，而在于学生能否主动获得知识，并运用知识解决实际问题；主要不在于学生解决问题的结果，而在于学生能否主动发现问题和探索问题；主要不在于学生在活动中发挥多大的作用，而在于学生是否积极参与活动和善于合作；主要不在于学生学到什么思想和方法，而在于学生能否创造性地运用各种方法，形成自己的假设和观点。

5. 强调培养学生对社会的责任感和使命感

综合性学习要求学生"热心参加（策划）校园、社区活动""观察大自然、观察社会""对自己身边的、大家共同关注的问题或电视、电影中的故事和形象组织讨论、专题演讲，学习辨别是非、善恶、美丑"。在综合性学习的过程中，要求学生在提高自己的实践能力和创造能力的同时，也要求他们学会关心他人、社会、国家，形成积极的人生态度。

三、小学语文综合性学习的教学理念

语文综合性学习的教学，区别于传统的学科教学强调理性的、间接性的、共同性的特点，它强调教学中要重视学生的学习过程和学习方法，体现主体性、体验性和实践性，重视学生的探究学习方式。因此，要树立如下的教学理念：

（一）让学生在活动中学习

综合性学习通过活动整合听说读写等多种能力，使学生通过活动掌握知识和运用知识。把活动和学习结合起来，让活动成为学习的过程，可激发学生的主动性。

综合性学习的活动内容、活动方式及多种多样途径，可以结合本校、本班学生实际情况，选择、设计多样化的学习活动。

人教版三年级下册"爱护周围的环境"这一主题，提出了如下活动建议：你了解家乡的环境吗？比如，空气和水是不是受到了污染？花草树木是增多了还是减少了？人们为保护环境做了些什么？让我们开展一次调查周围环境的活动。先自由组合，组成小组，共同商定一个活动计划，想想展示的方式和内容，然后大家分头行动。有的同学可以去观察，有的可以去访问，有的可以查找资料。有一个班的师生经过讨论，全班学生组成了"白色小天使"组"绿色小卫士"组"灰色终结者"组，并设计了如下活动：

① "白色小天使"组关注空气质量。该组成员可以观看电视台气象预报，设计一周空气质量跟踪调查表，将每日天气状况、空气质量的指数记录下来，通过分析，发现空气质量与天气变化之间的联系，从而感受到预防大气污染的重要性。他们还可通过在学校附近路口统计单位时间内通过车辆的数量或走访有关部门，了解一辆车产生尾气的危害；观察、拍摄校园植物的叶面一周积累灰尘的厚度，或在窗台放置白纸，观察灰尘厚度；查阅报刊、上网了解空气质量对人体的影响。

② "绿色小卫士"组了解家乡的绿化情况。该组成员可制作调查问卷，向本小区内的居民发放，了解本小区近几年的绿化情况，还可通过询问小区物业人员，具体了解小区近几年的绿化面积，观察花草树木是增多了还是减少了，从而发现问题。

③ "灰色终结者"组了解垃圾污染情况。该组成员可以对自己家庭内垃圾状况进行调查，记录每天自己家庭内产生的塑料袋、废纸、废物等情况，做出统计，以此推算垃圾污染状况，或走上街头询问清洁工人每天处理垃圾的数量，了解因垃圾污染造成的损失，还可观察校园里有没有乱扔垃圾的现象，并及时制止。

可以看出，以上活动设计尽可能从学生生活实际出发，注重可操作性。该活动需要学生放下书本，走出课堂，能够使学生综合运用多方面的知识。依照这样的活动计划开展活动，能够使学生在参与的过程中多有收获。需要注意的是，在活动落实过程中，要注意语文综合性学习的学科性。比如，以观察日记、调查报告等形式反映活动发现比单纯的数字记录或图表分析更为恰当。

（二）让学生充分发挥自主性

《义务教育语文课程标准（2022年版）》指出："综合性学习应突出学生的自主性；重视学生主动积极的参与精神；主要由学生自行设计和组织活动。"综合性学习一般可以小组为单位开展，再在班上交流。活动开展过程中，从活动内容、活动方式的选择到活动成果的展示，应该由学生自主确定。在保证自主性前提下，教师要发挥引导、监督作用。小学生毕竟年龄较小，要避免放任自流。特别是根据当地的实际条件，适合开展哪些活动，不适合开展哪些活动，教师应向学生提出建议。在活动实施的过程中，教师要关注学生语文知识、能力的发展，关注学生活动策划和实施的能力，还要重点培养学生的合作精神。

（三）让学生亲历探究的过程

小学生作为主体的综合性学习，理所当然地不同于严肃意义上的科研，它不强调知识的系统性，不强调结果的科学性，重在体验和感受，其重要意义在于让学生亲历过程。但是，在实际教学中，这恰恰是最不容易落实的。

以专题形式开展的大型的语文综合性学习，实施过程一般包括活动准备、活动展开、成果展示、反思总结四个环节。从教师指导的角度来看，一般对活动准备及成果展示两个环节比较重视，指导效果也比较好，而对活动展开和反思总结两个环节往往重视程度不够，指导效果不尽如人意。之所以如此，主要因为活动准备及成果展示两个环节多在语文课上进行，课前教师有比较充分的设计和准备，课上教师直接参与，便于指导和调控，而活动展开和反思总结两个环节则多是在语文课堂之外进行，学生分散开展活动，自由度更高，自主性更强，教师介入程度低，也不便于具体指导，容易流于形式。综合性学习过程重结果，应克服困难，对学习过程给予足够的重视。

（四）为学生创造开放的学习环境

开放的学习环境既指空间、时间上的，还指学习方式、学习途径上的。语文综合性学习要重视语文学习的生活化：学习空间向自然、社会拓展；学习时间向课外开放；学习内容向书本外开放。学习内容不做限定，可以就指定内容开展活动，也可以在活动中自主选择学习内容。根据学习内容自主选择学习方式，可以是讨论、辩论、演讲，还可以是观察、调查、访问等。评价方式多样化，可以纸笔测试，可以观察记录；评价主体可以是教师，可以是学生；可以自我评价，也可以相互评价。

第二节　小学语文综合性学习的实施策略

一、小学语文综合性学习活动设计原则

《义务教育语文课程标准（2022 年版）》指出："综合性学习主要体现为语文知识的综合运用、听说读写能力的整体发展、语文课程与其他课程的沟通、书本学习与生活实践的紧密结合。"综合性学习应强调合作精神，突出学生的自主性，重视学生主动积极的参与精神，注重探索和研究的过程；提倡跨领域学习，与其他课程相结合。因此，设计综合性学习活动时应该遵循以下原则：

（一）目标综合化

在设计语文综合性学习目标时，既要将学生听说读写等能力的培养目标有机整合，又要重视学生收集、运用、创造信息能力的训练，还要关注学生的合作和创新精神、竞争意识、情感熏陶、品德教育、心理素质训练等，发挥活动的多重功能，使每项活动都能真正促进学生全面发展。如某实验区的教师组织学生学习课文《黄河魂》时，开展了"我爱你，黄河"的系列活动：

（1）学生搜集描写黄河的词语、诗、词、歌、文、图、音像等信息，让学生选择自己喜欢的诗、词、文、歌等，并让学生读、背、唱。

（2）组织学生到黄河边活动，并拍摄录像。

（3）在语文活动课上，展示前两个活动成果。活动课通过"走近黄河（展示信息）—畅游黄河（初步运用信息）—依恋黄河（综合运用信息）—赞美黄河（创造信息）"这几步骤进行。

（4）总结拓展，小组合作展示研究成果

通过这一系列的活动，学生丰富了有关黄河的历史积累，培养了搜集、处理、运用信息的能力，并进一步了解了黄河是母亲河、是中华民族的摇篮，激发了学生爱黄河、爱家乡、爱中华的情感。在活动中，合作精神、创新能力和竞争意识也得到进一步培养。

（二）内容主题化

语文综合性学习是以项目、课题、主题或以问题为中心展开的学习活动。它以学习语言知识（包括字、词、句、段、篇）和形成语言能力（识字能力、写字能力、阅读能力、作文能力、听说能力）为主要活动内容。学生可以根据自己的兴趣、爱好、经验、条件、能力等选择所要学习的主题。这个主题可以是课内的内容，可以是课外的，也可以由教师提供参考问题或课题由学生自主选择。要注意给学生充分的空间，让他们自主展开学习，但自主绝不等于可以放任自流，随心所欲，教师应该根据学生的年龄特点、知识水平和教学计划，有目的、有组织地安排，并在一个确定的主题引导下，开展一系列的活动，这样才能使活动课精彩纷呈、富有成效。

（三）形式多样化

综合性学习的形式是多样化的，地点不限于课堂，不限于校内，时间不限于40分钟。形式的多样化是综合性学习的特点之一，形式越多样化，学生学习语文的渠道就越宽广，受到的语文教育就越全面，学习的兴奋点就越多，学习动机也越强。但是，形式的多样化不等于形式化，最重要的是讲求实际效果。常见的语文活动形式有以下几种：

1. 竞赛型

有计划地开展语文竞赛活动，对调动学生学习语文的积极性有极大的作用。竞赛可在不同范围、不同场合随时举行，不必局限于形式。如谁是儿歌王、成语大串联、歇后语大奖赛、格言警句大家背、古诗中找春天、小小朗诵会、寓言故事新编、名句接龙、小小辩论会、课本剧表演赛、长文速读赛，等等。语文竞赛活动要面向大多数学生，使学生体验到成功的喜悦，从而爱上语文。

2. 表演型

小学生很愿意模仿故事式课文中的角色，通过表演课本剧或童话剧，学生不仅可以加深对课文的理解和记忆，还能在某些课文的情节空白、浓缩处，拓展想象，在富有创造性的表演过程中培养想象力，促进语言发展，增强自信和勇气。如学习了人教版的《小露珠》《半截蜡烛》等课文后，可组织学生自己创作、设计、表演课本剧。

3. 游戏型

爱玩游戏是孩子们的天性。游戏最能激发学生的兴趣，使学生在轻松愉快的气氛中学习。如学了苏教版的《黄山奇松》《烟台的海》《九寨沟》《庐山云雾》等精美的课文后，师生可一起设计小导游的游戏，请一名学生当"导游"，其余的学生当"游客"。"导游"挑自己最喜欢的景点给大家介绍；"游客"可随时向"导游"提问，还可以设计词语接龙、开火车、找朋友、猜字游戏、语文大冲浪等游戏。

4. 辩论型

小学生好胜心强、不服输，常常为了自己的观点与别人争得面红耳赤。根据这一特点，课堂上可开展一些小小的辩论会。学生在辩论前积极准备资料，编写提纲，辩论时唇枪舌剑，既锻炼了口头表达能力和思维的敏捷性，又可培养团队合作精神。

5. 赏析型

为了提高小学生的审美能力和鉴赏水平，可开设一些赏析型的活动课。如学完苏教版第十册《望月》一课后，有位教师发现，学生对其中描写月色美的一段课文特别感兴趣，于是，他就让同学们去搜集名家对月色的描写。学生们找到了朱自清的《荷塘月色》、沈从文的《边城》、巴金的《春》、峻青的《老水牛爷爷》等名篇的片段，教师特地增加了一节欣赏课。课上，同学们有情感地读片段，争先恐后地谈感受，还配上音乐、图画进行欣赏，有的还争着做小老师带着大家一起读、背。当学生情难自抑时，教师又让学生动笔随意写点儿什么，各种描述或赞美月亮的句子从同学们笔端徐徐流淌出来，清新自如，引人入胜。

6. 综合型

把比赛、表演、游戏、调查、汇报等各种形式恰如其分地融合在一起，就是一堂综合课。如前面所列举的《我爱你，黄河》就是一堂综合型的语文活动课。学完《草原》，有的老师设计了《走进草原》，学了《恐龙》，设计了《我知道的恐龙》等语文综合活动课。语文综合活动课的形式多种多样，如调研型、故事型、演讲型、讨论型、操作型、阅读型等。教师可根据自己的特长、学生的喜好、课文涉及的内容挑选适合的形式开展活动。

（四）过程活动化

学生的学习过程是学习主体对学习客体主动探究、不断改进已有认识和经验的过程，而这个过程是在实践和活动中发展起来的。语文综合性学习提倡以活动为主要形式，让学生积极参与教学过程，在活动中动手操作、动脑思维、动口表达，多种感觉器官密切配合，协调活动；通过看、听、说、议、诵、赞、辩、唱、跳、画、拼、摆、量、剪等多种形式，在做中学、动中悟；教、学、做合一，使语文训练实而见活、动而有序，真正体现以活动促发展的教学理念，从而摆脱课堂教学惯用的讲解、提问等手段，使学生"活"起来、"动"起来。如在教学古诗《绝句》时，可一边指导学生诵读，一边启发想象，引导学生给诗配画，再借画读诗；《快乐的节日》课文的学习，可在读的基础上让学生再唱一唱，让学生获得更直接、更生动的感受。

（五）活动开放化

学习活动的开放性是保证学生主体能够自主活动的一个重要条件。教师在组织、指导学生学习活动时要注意：

1. 学习内容的开放

教师一要保证活动内容的丰富多样性，二要保证活动内容的可供选择性。因为只有具备这两点的活动内容才能满足处在不同发展水平、具有不同兴趣爱好的学生的多方面需求，才能促使他们通过对活动内容的自主选择、积极参与，获得各得其所的相应发展，才能实现真正意义上的面向全体。

2. 学习方式的开放

综合性学习打破了语文学习单一的授受模式，倡导自主探究学习、小组合作学习，倡导体验式、感悟式学习，倡导综合性、实践性学习等。

3. 学习空间的开放

这是指要把以往固定的空间（教室）变为弹性的空间，从课内走向课外，从校内走向校外。活动的场所要根据活动内容的需要规定，即便在室内，也可以根据活动的特点，打破单一的"秧田式"座位，进行多种形式的座位组合。

4. 学习结果的开放

学习结果的开放包括两个方面：一是活动结果的表现形式要具有多样性，学生可根据自己的实际情况，采用不同的表现形式，如调查报告、实物说明、诗歌、小品表演等；二是活动得出的结论要具备多样性，既可以得出统一认识，也可以保留多种意见，既可以形成完整结论，也可以留有一块"空白"。

5. 师生关系的开放

师生关系的开放表现在两个方面：一是在人格上师生之间应建立一种相互尊重、民主平等、情感和谐的人际关系；二是在角色扮演上形成良好的转换机制，教师可以是传道者、真理的代言人，也可以是学习者、意见的倾听者，可以是长辈、导师，也可以是兄长、朋友，具体向何种角色转换，何时转换，要视活动的需要而定。

二、小学语文综合性学习活动的实施过程

小学语文综合性学习的实施过程一般分为四个阶段：活动的准备阶段；进入问题情境阶段；实践体验、问题求解阶段；总结、表达和交流阶段。

（一）活动的准备阶段

首先要选择和确定活动主题或课题。综合性学习主题或课题的确立应该基于学生的"内需"，源于学生的兴趣。这种"内需"可能是自发的，但是更多情况下需要教师诱导引发。

1. 充分利用教材资源，选择和确定活动主题

在新课程理念的指导下，各种版本的语文实验教科书在板块设计中都专门列项设置了"综合性学习"板块。教师要切实利用这一载体，培养学生的探究意识、语言能力、审美情趣、合作精神等。

2. 从学生的生活实践中选择和确定活动主题

生活是语文学习的源头活水，生活有多丰富，语文学习的内容和形式就有多丰富。语文教师要引导学生在生活中练习语文，养成在生活中事事、时时、处处

汲取语文知识与运用语文知识的习惯，做到家庭生活语文化、学校生活语文化、社会生活语文化。

确定主题时要考虑学段目标和学生的认知水平，如中高年级可考虑这样一些选题：① 为班级策划一次春游活动。要考虑好春游的路线、地点、交通工具、组织管理、费用开支以及开展哪些活动等；写一份春游活动方案，先在小组开展交流评比，再择优向全班推荐。② 阅读《西游记》原著，在班级讨论会上，谈谈自己喜欢哪个人物，为什么喜欢这个人物。先写发言稿，然后参加讨论；也可以召开一次《西游记》故事会，讲讲自己喜欢的故事片段。③ 给大地一些绿色，为家园增添一片亮丽。你觉得校园、社区或者城镇绿化还存在哪些不足，你的建议和方案是什么？请你绘制一幅图或写一份建议书，递交有关部门。④ 过新年时，你们收到了压岁钱吗？自己设计一份调查表（例如来源、金额、用途等），在班内或学校做一次调查，对这份调查，就你的看法完成一份调查报告。

如有个学校的六年级学生开展了这样一个语文综合性学习活动：周同学的父亲经营着一家贸易公司，他常常看到父亲到银行取钱。随着年龄的增长，他有了这样的疑问：银行不是造币机构，它的钱从何而来？于是他决定对"银行利润从哪里来"进行研究。确定了研究课题，周同学请教了老师，咨询了爸爸，制订了研究方案。

（二）进入问题情境阶段

这一阶段就是对问题进行理解，将问题情境与已有的知识基础或认知结构联系起来。在这一阶段，学生在教师的指导下，从多个角度思考分析问题，了解解决问题的途径和线索，建立综合性学习小组，讨论具体研究的思路和措施。为此，教师可提供适合的知识背景，激活学生原有的知识储备，激发学生学习动力，诱发学生探索动机。

如上面案例中周同学明确问题后，他制订的研究方案是：

1.采访提纲（一）（采访对象：银行负责人）

（1）银行属于哪种单位？

（2）银行的客户分哪几种？银行分别为他们提供哪些服务？

（3）银行的收入有哪些？开支有哪些？

（4）银行会不会亏损或倒闭？

2.采访提纲（二）（采访对象：隔壁邻居）

（1）你与银行打过交道吗？

（2）银行能为你提供哪些服务？

（3）银行为你提供服务后获得什么收益？

3.采访提纲（三）（采访对象：父亲公司的财务科长）

（1）银行为公司提供了哪些服务？

（2）资金通过银行往来有什么好处？

（3）银行为公司提供服务，获取哪些收益？

（三）实践体验、问题求解阶段

这一阶段是综合性学习的关键。当学生明确问题、进入问题情境之后，便要进入探索实践阶段。实践体验的内容主要包括：为解决问题搜集、筛选信息资料，寻找问题解决的具体方法并实施直至检验结果；小组成员之间的合作，各种形式的人际交往、沟通活动等。实践体验、问题求解的过程是知识增长、能力提高的过程，更是加强体验，发展情感态度、价值观的过程。因此在这个阶段中，不要单纯追求问题解决的结果，有的问题也无须得到最终结果，即使有的问题尚未得到解决，也并不意味着学习失败。要注重学习的过程和方法，注重在学习活动中学生的参与度。

如上例，经过多次采访，周同学基本解开了自己心中的疑团，他就把这次调查访问的结果制成了一张表格，还写下了自己的感想。

（四）总结、表达和交流阶段

在这一阶段，学生应将独立探究或小组合作取得的学习成果进行整理、加工和发表。成果表现的形式可多种多样，可以运用书面形式呈现，也可以运用口头表达形式；可以是讨论、辩论、演讲、演示、表演等形式，也可以办展览、搞竞赛、出墙报、编刊物、制网页等。总结、表达和交流阶段，既是对学习成果的检验阶段，也是学习成果分享阶段，还是互相评价、自我反思阶段。这一阶段非常重要，可以说，它不是学习的结束，而是新的学习的开始。

周同学在总结中是这样写的：

银行利润从哪里来？

我的观点：银行以良好的信誉、优质的服务和无处不在的网点，吸纳储户，筹集资金；银行员工充分发挥其智慧，将资本充分地运作，赚取利息差和汇差，通过中介服务收取服务费。这是银行利润的主要来源。

加强管理，降低运作成本，扩展业务，增加服务收入，合理调整存款结构，代理收缴各种行业规费，如电话费、水电费等，从中收取劳务费；同时吸纳资金，办理各种汇票，发行国债、债券的费用，开展咨询业务，收取信息费，等等，这也是银行利润的来源之一。

因此他的结论是：

（1）贷款与存款之间的利息差。

（2）代收费用（如有线电视费、电话费）的手续费。

（3）加强管理，降低运作成本。

（4）汇率差。

（5）积极吸纳储户，及时放贷，加快资金运转。

以上几方面的总和减去银行运作成本，即为银行的利润。

反思：以前我觉得银行利润是从储户的钱里拿的，现在经过调查采访我知道了银行利润的产生还有一些知识和风险呢！我明白了：世界上任何事情都不像"银行利润是从储户的钱里拿的"那么简单，因而我们的头脑也要复杂一点儿，你要认识它，就要从实际中去了解，不要人云亦云。

"银行利润从哪里来？"是日常生活中的问题，周同学从自己感兴趣的问题入手，通过访谈解决问题，了解到相关的知识，解开了心中的疑惑。最后他在总结中既得出了问题的结论，又获得了经验，这样的综合性学习是有效的。

三、不同类型语文综合性学习活动实施策略

语文综合性学习属于学科类的综合实践活动，以语文学科为主，向外延伸、辐射，与其他学科互相联系。基于这样的认识，我们可以把语文综合性学习分为由阅读延伸的语文综合性学习、依靠学校活动设计的语文综合性学习和问题探究式的语文综合性学习。

（一）由阅读延伸的语文综合性学习策略

语文学习离不开阅读，通过阅读可以延伸出多种综合性学习的形式，比如从课文阅读拓展到网上阅读；通过课文阅读引发学生的想象和写作，编写故事，并且和表演结合起来；从课文阅读中概括出学生感兴趣的话题，分小组收集资料，进行辩论等。

（二）依靠学校活动设计的语文综合性学习策略

小学经常以少先队或班级为单位开展各种形式的活动。学生参加学校或班级的活动往往是兴趣盎然、积极主动的。依托此类活动，可以设计出丰富多彩的语文综合性学习策略。

（三）问题探究式的语文综合性学习策略

问题探究式的语文综合性学习的基础是学生自身对生活、社会和大自然中各种现象进行观察所产生的问题。问题探究式语文学习是在教师指导下，选择自己感兴趣的问题，以个人或小组的形式，通过收集处理资料、社会调查等各种途径主动探究，以得到自己满意的结论。这种综合性学习来源于问题。可以引导学生从以下几个方面去发现问题：一是从学科学习中发现问题，二是在社会生活中发现问题，三是在兴趣活动中发现问题。

第十章　小学语文教师的专业发展

第一节　小学语文教师的角色

小学语文教师作为人类文化的传播者，在人类文化的继承和发展中起着桥梁纽带的作用。唐朝的韩愈说："师者，所以传道受业解惑也。"这是我国古代较早对教师角色行为、义务和权利比较精确的理解。千百年来，人们一直重视教师的职责为传道、受业、解惑。于是，教室里就有了代表师道尊严的戒尺、指点江山的讲台。这时，我们语文教师的角色就是个不折不扣的传道者。而教师的这种角色，在一定程度上，限制了学生更好地去学习。随着社会的变化和基础教育课程的改革与发展，教师的角色发生了历史性的变化，新课程标准要求人们不再把教师视为定型了的传声筒、照章行事的盲从者。那么现代小学语文教师的角色如何定位呢？

一、传统教育中语文教师的角色和社会地位

众所周知，在外国传统教育中，以赫尔巴特为代表，他明确提出了把教育学建成一门独立学科的设想，他的教育学被认为是"传统教育学"的代表，研究了知觉、兴趣和注意等问题。赫尔巴特以心理学为依据，提出了欧美近代教育史上最完整、最系统的课程理论。其基本主张为："课程内容的选择必须与儿童的经验和兴趣一致"。在赫尔巴特的课程理论中，教师逐渐成为教学活动中的主导力量，他根据课程的需要，对儿童教授他们所需要学习的课程内容，使儿童掌握课程中的知识。赫尔巴特课程理论的提出为近代教育的模式奠定了基础，是近代教学方法的雏形。

我国传统教育中，"尊师重教""一日为师，终身为父""谨遵师命"等都表现出古代人们把教师的地位看得很高，特别是在儒家思想中，《孟子》一书记载了荀况的一些教育主张和我国古代教师的社会地位，他曾把师纳入天第君亲的序列。他说："天地者，生之本也，先祖者，类之本也；君师者，治之本也。无天也，恶生？无先祖，恶出？无君师，恶治？"在这之后，一些读者就把"天地君亲师"刻写在牌位上，摆在大厅供奉起来，以表尊敬。后来荀子还对为什么尊敬教师做出了解释，他说："国将兴，必贵师而重傅；贵师而重傅则法度存。国将衰，必贱师而轻傅，贱师而轻傅，则人有快则法度坏。"从荀子的这种解释可以看出，教师对国家，对社会的重要作用以及当时教师的社会地位。教师想得到别人的尊敬，自己首先要具备许多榜样的能力，要拥有较高的思想文化素质，拥有学生所不具备的知识、技能，这样学生才能从教师身上看到自己所缺少的，把教师看作知识的权威者，教师才能在教学中更便于管理学生，让学生更加信服于他。

但是，我国历史上，并不是一直都把教师放在一个很高的位置。例如在元代，由于社会经济等诸多方面的原因，教师被认为是最让人瞧不起的职业，教师曾被安排在"行九"的位置，所谓"一官一吏……九儒十丐"这种职业排列，我们可以看出，当时教师的地位只比乞丐高一级，如此地位和社会、经济、制度等是分不开的。在魏晋时期，采取的是取士制度，在政治上"高问华阀有世及荣"，士族高阶层的子弟不用学习，直接就可以做官，因此学校荒废了，教师的作用当然就无法发挥了。教师的地位有时被看得很高，这对学生的行为、思想素质的提高能起到一定的规范、约束作用。学生对教师有尊敬之情，能更好地促进学生的学习，但是由于教师的权力过高，学生对教师不敢有半点的质疑，教师传授的知识，学生就必须按部就班地接受，使学生对学习形成一种定向思维，养成"不知难问"的学风，这种局面使学生的学习过于制度化，师生之间缺少了许多的互动，不能形成师生之间共同学习、共同进步的局面。但是在魏晋以后，教师职业被认为是低贱的职业，这种社会现象也是阻碍社会发展的。再者教师的知识不传授给学生，没有学生向教师学习，这些知识就不能代代相传、发扬光大。

二、现代教育中的语文教师的角色与定位

在外国现代教育中，杜威提出"教育即生活；教育即生长；教育即经验的持续不断的改造。"杜威针对赫尔巴特的理论提出，旧的分门别类的学科破坏了儿

童生活和经验的"统一性和完整性",使儿童对世界的认识失去了应有的全面性而流于片面。为此,他提出从做中学、从经验中学,要求以活动性、经验性的主动作业来取代传统书本式教材的统治地位。杜威的教育理论使儿童从被动的课堂教育中解放出来,以他们主动的学习为学习活动的中心,让他们在自己主动的学习活动中获取知识。从杜威的教育理论中,我们可以看出教育改革时代的来临,教学活动开始以学生为主体。

在当今的中国,经济高速发展,人们对知识的渴求也是越来越强烈。作为基础教育的语文课程也越来越受关注,语文教师在教育事业中也处于了主导地位。但语文教师应该如何摆正自己的位置,如何在经济高速发展的今天把知识更好地传授给学生,成了语文教师的一个难题。当今社会是信息时代,学生的视野比较宽阔,接触的语文知识也越来越多,这样也给语文教师的教学带来了更多的困难。语文教师在教学中应该更加注重与学生的交流,所谓"生活处处有语文",学生或许在自己的学习视野中发现了更多更新的语文知识。语文教师应秉持诚恳好学的态度,不能一味地专注教学,以标准答案为准,要放开手,让学生有广阔的思维空间。这样,学生才能更灵活,更主动地掌握更多适应社会所需要的语文实践能力。

多年的语文教学仍沿用着传统课程讲解模式,语文教师讲解一篇课文,首先让学生认识生字词,然后让学生或教师自己阅读课文,再划分课文的层次,从而概括中心思想和主题,完成课后练习或相关的作业。在教师的整个语文教学活动中,基本上都是教师在唱"独角戏"。这种教学方法,使师生之间的交流很少,难以引起学生的共鸣。这样的教师把自己当成教学的主体,不能取得良好的教学效果。在信息时代,学生已不满足这种教学模式。在教学过程中,教师应改变以前的教育观,树立起为学生服务、发展教育的观念。在学习中,教师应该起着一个启发和引导的作用,更加有力地促进学生的个性发展。教师传授给学生的不是一种学习的模式,而是一种学习的方法,让学生在学习过程中积累知识,让学生在思考中获取学习的经验,这样学生学习起来将更加积极、主动、自主,为了取得良好的学习效果更加主动地在自己的探索中接受教育,找到更好的学习方法。教师是帮学生打开知识大门的引导人,如果教师把握好了自己所处的位置,明确了自己在教学活动中的角色,就能更好地为学生传授知识,调动学生的积极性,取得良好的教学成果,成为社会文化的传承者,成为新文化的缔造者。

三、小学语文教师的多元化角色

"角色"在《现代汉语词典》中有两种解释：①在戏剧或电影、电视中，演员扮演的剧中人物；②比喻生活中某种类型的人。在这里，我们小学语文教师的角色，用第二种解释比较恰当，但第一种也未尝不可。虽然不是在电影、电视中扮演剧中人物，但是如果把教学活动比作一场电影，教师比作演员，那么我们的教师在这场电影中担任多种角色，可以说是忙得不亦乐乎。

我们认为，在要求学生全面发展、对学生进行素质教育的今天，教师更应该担任伯乐这一角色。在学习活动中，教师不能只注重学生知识的学习，把学生学习成绩的好坏看作衡量学生好坏的唯一标准，教师要注意发现学生的特长，并对学生加以鼓励。也许，有着这样特长的学生，他就如同一匹千里马，只待伯乐的发现。有的学生在这种别人看来不经意的一句话的鼓励下，或许会因为这样的鼓励而成为一位伟人。再者，我们从教育心理学方面来看，教师还扮演着更多更复杂的角色。"美国学者格林伦在其《课堂教育心理学》中，把教师角色分为三大类：教学与行政的角色，心理定向的角色，自我表现的角色。这三大类别中又包含着若干小类别。"在教学与行政的角色中最突出的还是教学人员的角色，这是教师的本职工作，也是教师所表现出来的最首要的角色，他要更好地成为一名教师，他就是一个发动学生学习、评定学生学习成果的人。此外，教师还扮演公关人员的角色，他在与家长的沟通中，难免要为学校的种种政策规章制度进行阐明、解释，帮助家长更加了解子女所就读学校的情况。在心理定向的角色中，教师最突出的是一位社会心理学家，他在自己的教学过程中，对学生有一定的了解，他会用某一种手段刺激学生学习。例如用集体学习的方法，在班集体中营造积极好学的氛围，对个别学生造成压力或是动力，利用集体的力量刺激他学习。教师还会在教学过程中与学生交流，使师生之间关系融洽，相互之间进行有效的理解。在这种理解、沟通中学生会更易接受教师的教育，形成一个良好的教学氛围。

在20世纪八九十年代，教师被人们形象地比喻成蜡烛，燃烧了自己却照亮了别人。这种比喻只片面地看到了教师无私地为他人奉献精神，"春蚕到死丝方尽，蜡炬成灰泪始干"这种伟大的情怀，完全忽视了教师自我价值的实现，也忽视了教师为教育事业服务的长期性，淡漠了教师的内在尊严与劳动的快乐。把教师比喻成蜡烛，让人感觉教师这个职业十分艰辛，只有一味地付出，没有任何的回报，其实教师在教学过程中也会同时得到学生给他带来的快乐。也有人曾经把教师比作人类灵魂的工程师，赞扬教师帮助学生健康成长，养成良好的品德素养，他时刻关心着学生心灵的发展，这种比喻也肯定了教师这个职业的重要性。但是我们也可以想到工程师是先在自己心中形成一幅工程的蓝图，然后再按自己的设计按部就班地开始建设他的工程。如果教师对于他的学生也是用这样的一种形式，每一个教师都按自己的想象、愿望把学生培养成自己理想中的样子，就会忽视学生的个性，把学生看成一批产品，整齐划一地大批生产。

四、新课程背景下的小学语文教师角色定位

（一）从教师与学生的关系看，现代小学语文教师应该是学生学习的促进者

"促进者"是教师的一种新型的角色，美国人本主义教育学家罗杰斯在对传统教育进行深刻批判的基础上，对教师提出了新的更加严格的要求："教师必须是促进学生自主学习的促进者，而非传统的只重视'教'的教师。"马卡连柯曾说过："我们的教育目的并不仅仅在于培养最能有效的参加国家建设的那种具有创造性的公民，我们还要把受教育的人一定变成幸福的人。"如我们的教师一味地按照教学大纲机械化地对学生进行"教"，那么我们的学生就会变成教师长鞭下成批量生产出来的不会自主进行有效学习的产品，这样我们的学生更不会变成一个能创造幸福生活的人。苏霍姆林斯基也曾经说过："教学大纲、教科书规定了给予学生的各种知识，但是没有规定给予学生最重要的一样东西，这就是幸福。我们的教育信念应该是培养真正的人！让每一个从自己手中培养出来的人都能幸福地度过自己的一生。"由此可见，在学生的学习中教师如果能促进学生积极地自主学习，让他们自己探索教科书表面上没有的东西，自己探讨学习方法，这样学生才能学会在自己的学习生活中为自己创造更多的幸福，这样教师才算是真正教会了学生学习。教师在学生的学习中担任促进者这一角色，首先要清楚在学生的学习中，教师要以一个配角的身份出现，他们就如同在化学实验中的催化剂，他们的责任是有效地促进学生学习。担任促进者这个角色有以下几个特点：

1. 做好一个旁观者

在小学语文教学中，会有许多的机会让学生进行互动，在这样的情况下，教师不能清闲地在一旁休息，他们做为旁观者要积极地听，积极地看，认真地思考学生讨论的问题，随时掌握课堂中的各种情况，考虑该如何更好地指导学生学习，引导学生思考。一个好的旁观者是积极地旁观，而不是积极地参与，如果他参与

其中就相当于在干涉学生的自主活动。例如在课堂上，教师让学生分组讨论一篇课文应该怎样分段，教师在一旁听的时候，听到有学生分析的和自己的答案不一致，这时教师不要在一旁表达自己的见解。不管学生分析得是否正确，教师这样插一嘴都会打击学生活跃的思维，打击他们的积极性，让他们觉得只有老师的答案才是正确的，才是标准的答案。

2. 给学生支持，创造良好的学习气氛

不干涉学生自主的学习活动，并不是让教师对学生放手不管，而是要用各种适当的教学方法给学生精神上、心理上的鼓舞，使学生的思维更加活跃，热情更高涨。在学生出错时，教师要做的不是一味地责备学生，而是要理解和鼓励他们，给他们更多的建议和帮助，要为学生营造一个学生勇于思考、敢于发言的学习氛围。在课堂上，教师更应该做学生的朋友和知己，给学生更多的支持和鼓励。

3. 尊重学生的主体地位，培养学生的自律能力

如果学生缺乏主动的学习精神，没有学习的积极性，缺乏被教师辅导的愿望，教师强行对他辅导，强行要他学习，这种强制学生的行为会引起学生的抗拒，而且可能会使学生因为这种强制更加厌恶学习。这正如西方谚语所说："你可以牵马到河边，但不能强迫它饮水。"尊重学生的主体地位，就要注重培养学生的自律能力，当教师成为一个促进者的时候，并不是一味给学生更多的自由，也要注重教育学生遵守纪律，让学生知道纪律的重要作用，教会学生与他人友好相处。美国人本主义心理学家马斯洛曾强调："只有对能自律的人，能负责的人，我们才能说，按你说的去做吧，那样可能是对的。"教会学生自律才能更加有效地促进学生学习，才能保证课堂教学顺利进行。

4. 良好的师生关系

教师要当好促进者这一角色，就应该和学生形成良好的师生关系，这样才能形成一个生机勃勃的学习氛围。"责任、自由、权利只是健康的、美好的和幸福的师生关系的必要条件，不是其充分条件。它们不一定能够保证健康的、美好的、幸福的师生关系的出现。相处的理性规范使得师生关系处于一种'他治'的状态，师生都不是作为一种独特的自由存在。在相依中，师生都是'自治'的。"师生关系达到一定的和睦程度，教师与学生就能在一种十分友好的气氛中相互配合学习，达到一种"教师为辅，学生为主"的学习状态。如果师生关系不融洽，教师厌恶学生，学生讨厌教师，在这种学习氛围中，学生如何能学好，教师如何能教好？如卢梭的《爱弥儿》有这样一段描写师生关系的话："因此，只是勉勉强强

地相处在一起，学生把老师看作他在儿童时候遇到的困难，而老师则把学生看作一个沉重的负担，巴不得把他甩掉，他们都盼望彼此摆脱的时刻早日到来。由于他们之间从来就没有真心诚意的依依不舍的情意，所以一个是心不在焉，一个是不服管教。"在教学过程中，教师和学生都是有情感的、有思维的。教学中教师要充分尊重学生的人格，同时学生又要尊重教师的劳动。师生在教学中情感交融，气氛和谐，才能达到师生情感上的共鸣，才能建立新型的、平等的、和谐的师生关系。

（二）从教学与研究的关系看，现代小学语文教师应该是教育教学的研究者

在中小学教师的职业生涯中，传统的教学活动和研究活动是彼此分离的。教师的任务只是教学，研究被认为是专家们的"专利"。教师不仅先有从事教学研究的机会，而且即使有机会参与，也只能处在辅助的地位，配合专家学者进行实验。这种做法存在着明显的弊端，一方面，专家、学者的研究课题及其研究成果并不一定为教学实际所需要，也并不一定能转化为实践上的创新；另一方面，教师的教学如果没有一定的理论指导，没有以研究为依托的提高和深化，就容易固守在重复旧经验、照搬老方法的窠臼里不能自拔。这种教学和研究的脱节，对教师的发展和教学的发展是极其不利的，它不能适应新课程的要求。

新课程要求教师自己是一个研究者，教师即研究者意味着教师在教学过程中要以研究者的心态，置身于教学情境之中，以研究者的眼光审视和分析教学理论与教学实践中的各种问题，对自身的行为进行反思，对出现的问题进行探究，对积累的经验进行总结，是形成规律性的认识。这实际上也就是国外多年来所一直倡导的"行动研究"，它是为行动而进行的研究，即不是脱离教师的教学实际，而是为能解决教学中的问题而进行的研究；是在行动中的研究，即这种研究不是在书斋里进行，而是在教学的活动中进行的研究；是对行动的研究，即这种研究的对象和内容就是行动本身。可以说行动研究把教学与研究有机地融为一体，它是教师由"教书匠"转变为"教育家"的前提条件，是教师持续进步的基础，是提高教学水平的关键，是创造性实施新课程的保障。

（三）从教学与课程的关系看，小学语文教师应该是课程的建设者和开发者

在传统的语文教学中，教学与课程是彼此分离的。语文教师被排斥于课程之外，语文教师的任务只是教学，是按照教科书、教学参考资料、考试试卷和标准答案去教，课程游离于教学之外，教学内容和教学进度是由国家的教学大纲和教

学计划规定的，教学参考资料和考试试卷是由专家或教研部门编写和提供的，语文教师成了教育行政部门各项规定的执行者，成为各种教学参考资料的简单照搬者。新课程倡导民主、开放、科学的课程理念，同时确立了国家课程、地方课程、校本课程三级课程管理政策，这就要求课程必须与教学相互整合，语文教师必须在课程改革中发挥主体性作用。语文教师不能只成为课程实施中的执行者，更应该成为课程的建设者和开发者。因此，小学语文教师要形成强烈的课程意识和参与意识，改变以往学科本位论的观念和消极被动执行的做法。

（四）从学校与社区的关系看，小学语文教师应该是社区型的开放的教师

随着社会发展，学校渐渐地不再与社区生活毫无联系，而是越来越广泛地同社区产生各种各样的内在联系。一方面，学校的教育资源向社区开放，引导和参与社区的一些社会活动，尤其是教育活动。另一方面，社区也向学校开放自己的可供利用的教育资源，参与学校的教育活动。学校教育与社区生活正在走向终身教育要求的"一体化"，学校教育社区化，社区生活教育化。新课程特别强调学校和社区的互动，重视挖掘社区的教育资源。在这种情况下，相应地，小学语文教师的角色也要求改变。语文教师的教育工作不能仅仅局限于学校、课堂。语文教师不仅仅是学校的一员，而且是整个社区的一员，是整个社区教育、科学、文化事业建设的共建者。因此，小学语文教师的角色必须从仅仅是专业型教师、学校型的教师，拓展为"社区型"教师，注重利用社区资源来丰富学校教育的内容和意义。

（五）从教师与专业发展的情况看，小学语文教师应该是孜孜不倦的学习者

终身教育理论自从 20 世纪 60 年代由法国教育家保罗·郎格朗提出以来，获得了广泛的认同。该理论认为，教育贯穿了人生全部。经过 20 世纪后半叶世界各国政府与人们的共同努力，终身教育理论正在逐步成为世界人民的共识，成为包括教师在内的现代人都应该具备的重要观念。从语文教师工作实际来看，社会政治、经济、科技、文化、法律、道德、宗教等一切都在变化，相对稳定、发展滞后的教材根本不足以反映这些新的、变化了的世界。因此，小学语文教师自己首先要不断地学习。联合国教科文组织在《教育—财富蕴藏其中》一书中，把"学会学习"列于未来教育四大支柱（学会认知、学会生存、学会做事、学会合作）之首。从终身教育的社会来看，实为必然。学会学习既是终身教育观念形成的标

志，也是终身教育实现的条件，学会学习是语文教师终身教育观念形成和实现的保证。所以，小学语文教师自己学会学习、教育学生学会学习就成为当今教师的重要教育工作。同时，还要向学生学习，在学习的过程中不断提高自己的素质，真正做到教学相长。因此，作为现代小学语文教师应当不断地学习，拓展科学人文的知识面、加深语文学科功底，更新教育观念，还应当了解语文课程改革背景，钻研语文课程标准，分析语文教材，然后结合教育对象与教育环境的实际，决定教材内容的取舍，结合自己所获得的知识，引入课堂教学之中。

第二节　小学语文教师的发展

深化课程改革，提高教学效率，关键在教师。因此提高教师的教学能力，促进教师专业化成长，成为教师管理工作者的共识。为尽快提高教师的水平，很多学校采取了一系列的措施、制度，要使教师尽快地提高业务能力，然而收效总是不尽如人意。原因何在？其一，不能与时俱进地把握教师职业特征。伴随严格的管理制度，往往是简单化、强压力，只从职业需要的角度考虑问题，不考虑或不完全考虑教师身心发展的需求，使教师处在被动的地位。其二，小学语文科教师的特殊性理解得也不全面。小学语文教师对学生的影响不仅仅局限在教学中，言传身教，无所不在，好的小学语文教师全身都是语文教育的元素。

因此，要真正做好小学语文教师培养工作，不仅要重视教学的基本能力、基本功的锻炼提高，更要重视提高思想文化修养，关注教师个体的心理状态、生存与发展的需要。小学语文教师只有拥有了相对好的生存、生活状态，才能带来相对好的教学状态。

从管理者的角度看，要有人本的思想，重点引导教师学会享受职业生活，增强职业的幸福感。

孔子曰："知之者不如好之者，好之者不如乐之者。"一个人要在自己的职业上有精彩的表现，取得一定的成就，必须依赖强烈的内部动机，满足生存发展需求。因此要引导教师创造并享受自己的职业生活，从而为促进教师的专业化成长寻找持久有效的动力。

一、小学语文教师专业发展的内涵

小学语文教师专业发展的内涵，从广义角度辨析应该有四方面的含义：

1. 教师是专业人员

教师专业化发展所表达的一个最基本的内涵即教师是专业人员。这就意味着教师承载着教育的根本意义和价值。把教师定位于专业人员，才能真正确立教师的主体意识和首创精神，发挥教师的主体性，使教师自觉、自主地为自身发展开创广阔空间。随着时代的发展、教育观念的变化，我们有理由提出这样的问题，究竟什么是教师的专业？我们认为：教育学科应该被看作教师共同的专业，因为教育人、全面地培养人的素质、创新意识与能力，是每个教师都要承担的任务。

2. 教师是发展中人

教育学的理想是：在师生共同生活的世界中教学相长，学生在教师的发展中成长，教师在学生的成长中发展。新课程改革极为强调师生要结成"学习共同体"，要正视与解决教师发展的旁落，在探索与思考中建构新的理论，推动教育实践向前发展。在教师的发展过程中，其中心是教师的专业成长。所谓专业成长，就是一个终身学习、不断解决问题的过程，是一个教师的职业理想、职业道德、职业情感、社会责任感，包括教师对所教学科的价值、认知、审美等方面的理解与把握，教育实践能力不断成熟，教育经验不断提升、不断创新的过程。教师的专业成长集中代表了教师发展的意义。

3. 教师是学习者

新的课程改革明确提出教师是学生学习能力的培养者，教师教、学生学将逐渐让位于师生互教互学。这对教学而言意味着人人参与、平等对话、合作建构；对教师而言，意味着上课不仅是传授知识，而是与学生相互理解、相互启发、教学相长，上课也不是单向的付出，而是生命活动、专业成长和自我实现。随着学生获取知识、信息渠道的多样化，教师作为学生唯一知识源的地位已彻底动摇，需要重新定位，以学习来促发展，改变自己的生存状态。《基础教育课程改革纲要》明确指出：要改变过于强调接受性学习、机械训练的情况，倡导学生主动参与、乐于探究、勤于动手，培养学生搜集信息和处理信息的能力，形成学生主动的、富有个性的学习。这意味着教师要学会研究性学习，进行反思性实践。

4. 教师是研究者

《基础教育课程改革纲要》指出，教师应是教育教学的研究者，如果教师的教育教学没有一定的理论指导，没有以研究为依托的深化和提高，就容易在固守旧经验、照搬老方法的窠臼里不能自拔。教师的发展，是在真实的教育环境中进行研究，是把教学变成教育，是教育意义的体现。

二、小学语文教师自身素质的提高

1. 坚持"以人为本"，尊生爱生

所谓以人为本，其基本含义简要说就是：它是一种对人在社会历史发展中的主体作用与地位的肯定，强调人在社会历史发展中的主体作用与目的地位；它是一种价值取向，强调尊重人、解放人、依靠人、为了人、呵护人和爱护人；它是一种思维方式，就是在分析和解决一切问题时，既要坚持历史的尺度，也要坚持人的尺度。现代教育是"以人为本"的教育，教师由传统向现代的转型是实现"以人为本"教育的关键。

在传统教育中，教师在不同程度上存在着"异化"现象，具体表现为四种类型：① "工具型"教师，教师成为教育、教学的工具；② "统治型"教师，教师张扬"师道尊重"，极力维护自己的威严。③ "无我型"教师，教师以自己的职业为荣，教师角色就是生存的唯一方式。④ "职业的自我中心主义型"教师，教师表现出很强的狭隘性，在教育教学中以自我为中心。在教育中，教师的"异化"使教师的思维、语言、行为方式等都被"规范化""固定化""科学化"，失去了教师应有的生命活力。

"以人为本"的教育要求教师从"异化"现象中解放出来，使教师回归于充满生命力的人。充满生命活力的教师应具有较高的教育艺术；具有优秀的人文品质；他们以自己的生命体验为人师表，并促进学生的健康成长。"以人为本"的教育理念，要求教师要尊生爱生。传统教育中，尊师尊道的理念让学生十分地敬畏教师，教师自己也认为自己高高在上，这样就让师生之间形成了疏离感，更让教师认为只有学生尊敬老师的道理。在现代教育中，我们的教师应该改变这种观念。教师要想更好地进行教学活动，就应该更多地了解学生，与学生做朋友，只有师生之间相互尊重，才能建立良好的师生关系。

2. 教师要主动成为学习者

随着教育的不断改革，人们对教师的素质要求也越来越高，在这样一个市场经济高速发展和科技竞争日益激烈的社会，给教育提出了新的挑战，也给教师提出了新的要求。哪一种类型的教师才会被学生尊敬，我国心理学工作者对此进行

了调查。其具体内容为：① 思想品质：思想品质好，对自己要求严格，有道德修养，讲文明，生活作风正派，言行一致，以身作则，为人师表。② 知识水平：有真才实学，知识丰富，精通所教科目，能回答学生提出的问题。③ 教学能力：教学经验丰富，教学方法好，口齿清楚，表达能力强，讲课生动，富有启发性，教学效果好。④ 工作热情：热爱教育事业，关心学生，与学生同甘共苦，师生关系融洽。⑤ 工作态度：尽教师职责，工作认真，对学生要求严格，勤勤恳恳，治学严谨，诲人不倦。⑥ 工作作风：对人和蔼，平易近人，不体罚学生，不偏爱学生，处事公正，作风民主，能听取学生意见。学生对"教学能力""知识水平"这些方面的重视随着年级的升高而递增，学生是通过教师传授学习知识的，教师要在自己的教学实践中不断地反思，与其他教师相互交流来提高学习。以前有"教师要给学生一碗水，教师首先要有一桶水"的说法，这好像是在强调教师知识越多，教师的教学效果就越好。国外学者在一项研究中，以学历为知识水平的指标，以学校的领导对教师教学效果的评价及学生的成绩为教学效果的指标，研究结果发现，教师的知识水平与教学效果只有很低的正相关。

在当前科技突飞猛进的今天，教师的知识储备并不一定多于学生，学生在日常生活中有很多机会接触新鲜的事物，接触到更多复杂的知识，学到教师不一定知道的东西。教师之所以作为教师，是因为阅历比较丰富，在专业知识上先走一步而已。教师也要不断地学习，甚至主动地向学生学习，有可能走在前面。其实，教师应该主动与学生一起探讨问题，使学生去除对教师的神秘感和权威感，主动承担起学习的责任。教师在教学活动中、应形成"和而不同"的教育观。教师在平时的教学活动中，在顺应教学大纲的前提下，应该形成具有自己特色的教学方法。

我们都知道，每个学生都有自己的特点，有自己的个性，如果教师在教学中按"一刀切，齐步走，统一规划，统一要求"这种形式来要求学生，这是要把千姿百态、风格各异的学生培养成一种模式化的人。有人说："黄沙如海，找不到绝对相似的两颗沙粒；绿叶如云，寻不见完全雷同的一双叶子。"那么我们也可以说，"人海茫茫，教海无边，我们既找不到两个完全相似的学生，也不会找到能适合任何学生的教学方法。"这样，就要求教师要发现学生的差异，探求一种适合自己班级学生的教学方法，让学生能在教师这种特色教学方法下更快地吸收消化教师所讲的知识，做到真正的因材施教。

总之，随着教师群体逐步从传统教育走向现代教育，我们的教师们就应该将更多地把目光积聚在学生身上，给自己一个明确的定位，从传统的教育观念当中转变过来，不断地改进自己，要求自己，提高自身的素质，以此来适应现代教育，为自己的教育事业添上光辉的一笔，用自己的力量为教育事业添砖加瓦。

三、小学语文教师专业发展的实施途径与策略

提高小学语文教师的专业技能，采取简单且易于达成的方法，是切实提高小学语文教师发展的最有效的途径与策略。

1. 反思——在与自我的对话中成长

教师职业的实践性和创造性要求作为教师的人不仅要有良好的文化素养、深厚的学科知识和教育理论素养，还应该依靠现有的专业知识解决实践中的问题。教师只有不断研究新情况、新问题，不断反思自己的教育教学行为，才能不断适应并促进自己的专业成长。波斯纳曾将教师的成长与其对自己经验的反思结合起来，提出了一个教师成长的公式：经验＋反思＝成长。这意味着，从某种意义上讲，教师在有限的工作生涯中，随着时间的推延确实能够积累大量的经验。但教师只有经验的积累是不够的，经验并不一定意味着成长，还必须对自己的经验进行自我分析和研究。所以，如果经验意味着成长，那么前提条件是这种经验必然同时包含着反思。不加反思的经验不仅不能提高教师的工作效率，反而会成为教师处理教学问题的包袱。

（1）撰写反思日记。教学反思日记不仅记录着教师日常教学生活事件，写日记的过程也是教师与自己对话、对教学反思的过程。日记的内容通常包括教师自己在教学过程中的所思、所感、所知、所做，并对为什么要做某事的原因进行反思，从中得出结论。如当天的教学经历、就某一教学问题进行分析、用某些观点来评价教材内容等，即任何与教学有关的事件、观点、争论都可以写入反思日记中。

（2）撰写教学案例。教师在日常工作中会经常遭遇一些对自己内心触动较大的教育教学事例，如果能将记录下来，形成教育案例，就会帮助自己更好地反思，作为研究样本的案例。

2. 合作——在与同事的对话中发展

所谓教师合作，就是教师为了改善学校教育实践，以自愿、平等的方式，就共同感兴趣的问题，共同探讨解决的办法，从而形成一种批判性的互动关系。教师合作所指的是教师同事间的一种人际互动方式或关系情况，而且主要是作为谋

求教师发展和学校教育改善的一种手段或策略。

（1）集体备课：集体备课是一种促进教师合作发展的有效途径之一。集体备课能将教师的个体创造性置于群体之中，变静止封闭为互动交流，变内耗为相助，通过集思广益、扬长避短、信息共享达到共同提高、发挥整体效益的目的，成为一条事半功倍地提高教师理论水平、教学水平、科研水平的良好途径。

（2）同伴教学辅导：同伴教学辅导是指教师结成教学互助辅导小组，通过共同的阅读、讨论、设计课程、准备材料、示范教学以及课后反馈和研讨的方式来相互学习、相互纠正，以改进教学策略与成效的发展过程。同伴教学辅导的过程一般由课程准备、示范教学和课后研讨三阶段构成，更强调教师的相互平等、相互支持与相互学习。

3.师生对话与教师发展——师生对话可以使教师在学生的视界中重新认识自己

在师生交往中，教师可以通过发现儿童从而进一步重新认识自我，实现对"主体自我"的新发现。在师生交往中，教师以儿童为"镜子"，在发现学生中发现自我；发现学生的美好与天真，从而发现自己的活泼与热情；发现学生的优点与不足，从而发现自己教育教学的得失；发现学生对自己的喜爱与不满，从而发现自己的人格个性与品质特征；发现学生所做出的每一件令你所惊奇的事，从而发现自己职业的创造性；发现学生的喜怒哀乐，从而发现自己教育行为的适宜性。

参考文献

[1] 付喜山 . 小学语文教学方法与思维创新 [M]. 成都：电子科技大学出版社，2016.

[2] 甘清梅，车兴钰 . 小学语文教学实践探究 [M]. 北京：世界图书出版公司，2019.

[3] 勾祖鹏 . 小学语文课堂教学提升技巧 [M]. 成都：西南交通大学出版社，2019.

[4] 顾可雅 . 基于核心素养的小学语文教学设计 [M]. 宁波：宁波出版社，2018.

[5] 胡冰茹，周彩虹 . 小学语文课程教学与设计 [M]. 苏州：苏州大学出版社，2020.

[6] 李艳杰 . 小学语文课堂有效性教学策略研究 [M]. 长春：吉林人民出版社，2019.

[7] 刘素贞 . 小学语文教学与教研实践研究 [M]. 银川：宁夏人民出版社，2019.

[8] 刘文奇，袁桂萍 . 小学语文有效教学艺术探究 [M]. 长春：吉林人民出版社，2017.

[9] 罗祎 . 小学语文教学实践研究 [M]. 北京：光明日报出版社，2019.

[10] 缪丽娟 . 智慧课堂与小学语文教学探究 [M]. 延吉：延边大学出版社，2019.

[11] 饶满萍 . 小学语文教学设计与实施 [M]. 成都：西南交通大学出版社，2019.

[12] 任光霞 . 小学语文课程与教学研究 [M]. 长春：吉林人民出版社，2020.

[13] 任真伟 . 小学语文课程与教学 [M]. 成都：电子科技大学出版社，2020.

[14] 石学花 . 小学语文教学方法探究 [M]. 成都：电子科技大学出版社，2016.

[15] 宋秋前，王儿 . 小学语文教学问题分析与解决策略 [M]. 上海：上海交通

大学出版社，2018.

[16] 宋秋前，余春丽.小学语文教学的优化策略 [M].上海：上海交通大学出版社，2019.

[17] 隋洪珍.小学语文教学方法研究 [M].北京：中国书籍出版社，2017.

[18] 吴亮奎.小学语文教学设计 问题与方法 [M].福州：福建教育出版社，2018.

[19] 徐凤杰，刘湘，张金梅.小学语文教学生活化的策略与研究 [M].吉林人民出版社，2021.

[20] 徐晓燕.小学语文教学探索与实践 [M].成都：电子科技大学出版社，2015.

[21] 薛晓倩.多元文化教育背景下的小学语文教学再探究 [M].北京：阳光出版社，2018.

[22] 杨洪港，肖杏花，何小波.浅谈小学语文教学管理 [M].长春：吉林人民出版社，2019.

[23] 朱立金.小学语文教学研究与实践 [M].济南：山东教育出版社，2018.